市民の考古学―1

ごはんとパンの考古学

藤本　強

同成社

はじめに

読者のみなさんは、毎日ごはんかパンを、あるいは両方を食べていることでしょう。ごはんとパンは世界中の人々に食べられているもっとも普遍的な食べ物です。また、農耕が開始されるよりも前の1万年以上も前からある食べ物でもあります。人の食の基本になるものです。ごはんとパンについて、現在わかっている考古学を主にしたさまざまな学問の成果を合わせて考えてみたのが本書です。ごはんとパンについての私なりの一つの理解といった方がよいのかもしれません。

本書のもとになったのは、私が館長をしている福島県文化財センター白河館（愛称まほろん）における2004年の館長講演会での6回にわたる講演内容です。講演ではパワーポイントを使用して多くの図や写真を入れながら話をしてきました。その内容をみながら書き下ろしたのが本書です。

まほろんは2001年7月に開館した施設で、福島県が調査した遺跡から出土した遺物やその調査記録を保管･活用するとともに、それに関連した陳列と体験学習事業を行う目的で設立された施設です。幸い、多くの人たちに来館いただき活用されています。

当初、館長講演会は2、3度にわたるテーマで構成していたのですが、2004年からは年間を通したテーマで6回の話をすることにしました。その初のテーマがごはんとパンだったのです。2005年も2006年も年間を通したテーマで講演をしてきました。2007年以降も続ける予定にしています。講演するときも本書を書くときもなるべくやさしくしようとは心がけてはいるのですが、至らないところがあろうかと思います。

現代の食は大きく変わりつつあります。その食を祖先たちはどうやって作り上げてきたのか、そこには何があったのか、などを読み取っていただければと思います。読者のみなさんが本書を読んで、食文化に関心を抱くきっかけになれば、たいへんに嬉しく思います。

目　次

はじめに　1

第1章　ごはんとパン……………………………………………9

1　ごはんとパン　9
2　稲と麦　11
3　稲の野生種　14
4　麦とヤギ·ヒツジの野生種　16
5　その他の栽培された植物　19
6　農耕の役割　21
7　今につながるごはんとパン　25

第2章　ごはんのはじまり……………………………………29

1　中国の自然　29
2　稲作の生まれるまで　31
3　洞庭湖西辺の遺跡　34
4　彭頭山文化　36
5　彭頭山文化の暮らし　40
6　皂市下層文化・大渓文化　42
7　第一次の拡散　45
8　杭州湾周辺の遺跡　47
9　稲作農耕の起源と展開　52

第3章　ごはんの広がり……………………………………55

1　第二次の拡散　55
2　北への拡散　57
3　朝鮮半島へ　60
4　南への拡散　64
5　華南から東南アジアへ　66

第4章　日本列島とごはん…………………………………71

1　日本列島へ、弥生文化の成立　71
2　弥生文化は大陸から　73
3　弥生文化の区分と年代　75
4　列島に広く拡大する農耕社会　77
5　金 属 器　80
6　階層差のある社会　83
7　大陸との交流　85
8　中国史書に現れる倭国　87
9　古墳時代そして古代国家へ　89
10　稲作を主にした社会　92
11　現在の稲作　97

第5章　パンの起源…………………………………………99

1　麦の農耕　99
2　西アジアの自然　101
3　麦とヤギ·ヒツジの故郷　103
4　農耕以前の麦の利用　105

5　ナトゥフ文化　108
6　麦農耕の考古学的調査研究　110
7　西アジアの農耕・牧畜　113
8　西アジアの製粉具　116
9　ユーフラテス川流域の農耕起源　118
10　ユーフラテス川起源の農耕の展開　123
11　ザグロス山麓起源の農耕　126
12　土器新石器文化　130
13　パン焼竈の出現　133
14　ハラフ土器の拡散　134
15　ウバイド文化　136
16　遊牧の成立　138
17　時期ごとの集落立地の変遷　139

第6章　パンの広がり……142

1　西アジア農牧文化の拡散　142
2　ヨーロッパへの拡散　145
3　ダニューブ文化　147
4　貝殻文土器文化　149
5　ヨーロッパの広域に農耕定着　151
6　北アフリカ・南アジア・中央アジア　152
7　ナイル川流域　153
8　南アジア　156
9　中央アジア　157
10　西アジア起源の文化の波及　159
11　文明の成立　161

12　気候の悪化　165
13　製粉具の革新　167
14　粉屋とパン屋　168
15　中国北部への展開　171

第7章　世界の食文化……………………………………………173

1　世界の食文化　173
2　各地の現状　176
3　ごはんとその仲間　179
4　パ　　ン　179
5　麺と饅頭　181
6　イタリアのパスタ　182
7　世界の食の体系　184

関連年表　188

ごはんとパンの考古学

第1章　ごはんとパン

1　ごはんとパン

ごはんとパンは、現在の世界で一番たくさん食べられている食べ物ということができるでしょう。そのもとになるのが稲と麦です。稲と麦は現在世界でもっとも多く、もっとも広く栽培され、人々に利用されている穀物といえます。世界で栽培されている穀物のほぼ4分の3が稲と麦で占められています。稲は東アジアで栽培化された穀物ですし、麦は西アジアで栽培されるようになった穀物です。どちらも旧大陸で栽培されるようになったものですが、現在では新大陸でもこの二つの穀物の農耕が広く行われるようになっています。人々の食べ物の中では最重要のものです。

稲はコメとして利用されたはじめから「粒のまま煮て食べる」**ごはん**として食べられてきました。それにふさわしい煮沸する道具としての煮炊き用の土器が古い時期から現れています。麦は栽培以前から、「粉にして焼いて食べる」**パン**として食べられ続けています。こちらでは、粉にする道具、製粉具がきわめて古い段階から現れ、農耕が行われるようになると、効率のよい製粉具が出現します。どちらも1万年以上も続く食べ方です。稲は東アジアで、麦は西アジアで栽培されるようになり、農耕文化として発展しました。他にも多くの穀物が栽培されましたが、利用は一部に留まっていて、麦や稲のように広く作られるようにはなりませんでした。15世紀の終りに新大陸の存在が旧世界の人々に広く知られ、旧大陸の人々がそこに移り住むようになってからは、新大陸にも麦が広大な土地で栽培されるようになりました。麦ほどではありませんが、稲も新大陸で大規模な農耕で作られています。このように、稲と麦は起源地から世界中に広く拡散して、世界の人々の主な食料になっています。

栽培と農耕の起源に関して、19世紀から種々の分野の研究者が、いろいろな資料を使って多くの説を唱えました。それぞれに興味深い説ではあるのですが、そのどれをとってもはっきりした年代的な裏づけが得られませんでした。20世紀の後半になり考古学の調査研究が進み、農耕の起源と展開の具体的な年代が明らかになるようになりました。西アジアで麦の農耕とヤギ・ヒツジの牧畜の具体的な証拠が得られ、1 万年ほど前にまず麦の農耕が、やや遅れてヤギ・ヒツジの牧畜が開始されたことが明らかになっています。そこから広く北アフリカ、ヨーロッパ、中央アジア、南アジアに展開した様子も明らかにされています。さらに、年代は遅れますが、中国の北部にも西方から麦作がもたらされ、独特の展開をしたこともわかってきています。

稲作は最初期の様子ははっきりしませんが、遅くとも9000年前には中国の長江（揚子江）の中流域で出現しています。そこから長江の下流域に広がり、そこを起点にして南と北に拡散し、遅くとも3000年前には東アジアの広い地域に定着したことがわかってきました。日本列島の水田稲作もこの稲作の展開に連なるものです。そうした稲と麦の農耕の起源と展開の具体的な様相のかなり細かな議論ができる証拠は整ってきました。解決しなければならない多くの課題を抱えていることも事実ですが、この半世紀の間に多くのことがわかってきています。両者はあらゆる面で対照的です。

2　稲と麦

稲はおよそ9000年前に中国の長江（揚子江）中流域で農耕化されたことが、考古学的な証拠の上で確かめられています。高温多湿で夏雨の気候のもとでの農耕です。麦はシリアのユーフラテス川の中流域でほぼ1万年前に農耕化されたことが確認されています。乾燥地帯で冬雨の気候下での農耕です。その後、どちらも類似の気候の地域にまず拡大しますが、麦はさらに異なる気候の土地にも進出します。

このほかにも、稲は南アジアのガンジス川の流域で、時期は遅くなりますが別個に栽培化されたものが考えられます。ほかでも栽培化された可能性はありますが、今日に伝わっている栽培種は、このどちらかの地域で栽培されたものに由来するものと思われます。麦もユーフラテス川の中流域以外にも、イランとイラクの間にあるザグロス山脈の麓で栽培化された可能性が高いように考えられます。どちらも複数の地域で栽培がはじまったと考えるのがよいように思われます。

稲や麦以外にも多くの穀物の栽培化の試みが世界の各地で行われてきました（図1）。これについては後で若干触れることにします。その中

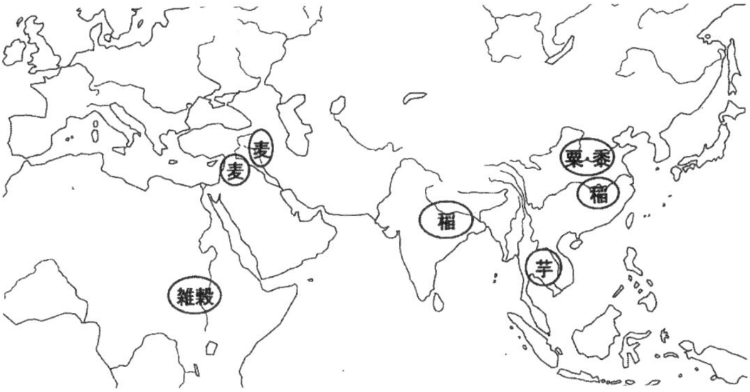

図1　旧世界の穀物などの農耕起源地

には、現在でも一部の地域でかなり広く農耕されているものもあります。しかし、多くの地域では人々にとって、より有利な稲や麦に置き換わっていることが多いのです。稲や麦は、その起源の土地から広い地域に稲作や麦作として広がり、世界の各地で人々にとって最重要な穀物になっており、前述のように世界で栽培される穀物のおよそ4分の3を占めるようになっています。

稲と麦はきわめて対照的な穀物です。稲は東アジアの夏に降る多くの雨と高温になる湿潤な気候下の作物です。日本列島の関東よりも西の地域に多くみられるタブ・シイ・カシ・クスノキなどからなる照葉樹林（常緑広葉樹林）帯の湿地に起源のある植物です。これに対し麦は、冬に降る雨に特徴づけられる冬雨の地中海性の気候下の草原に由来する植物です。ここは雨が少ないので、樹木は十分に育たないで草原になる土地です。少ない雨と乾燥が西アジアの気候を特徴づけています。少ない雨でも、それが麦の発芽と成長に水分のほしい冬に降ることで、麦の農耕が可能になるところが多いのです。麦は地中海性気候にもっとも適した作物ということができるでしょう。稲は水田という湿地を人工的に作った施設の中で作られます。高温多湿な気候なので、稲の農耕の邪魔をする雑草が繁茂するのを妨げるための工夫です。これに対し、麦は畑で作られますが、そこでは水分の乾燥を少しでも少なくするための種々の工夫がなされています。また、自然の雨だけに頼るのではなく、潅漑という人工的な設備で、麦を作ることのできる土地を増やす努力も各地で行われてきました。

それぞれに伴う動物も異なっています。稲は、水田や水田のための水路で取れる種々の魚が稲作の初期の段階から利用されていたことが明らかになっています。これは稲作が広がった各地の食の中にみられる要素です。それに、これは本来稲作に伴うものかどうか議論のあるところで

表1　対照的な稲と麦の農耕

	東アジア	西アジア
穀物	稲	麦
食物	ごはん	パン
動物	サカナ・ブタ（?）	ヤギ・ヒツジ
気候	夏雨・多雨・湿潤	冬雨・少雨・乾燥
植生	主として森林	主として草原
季節	夏作物	冬作物
作付	水田	畑
調理	粒のまま煮る	粉にして焼く
道具	煮沸用の土器	製粉具

すが、ブタが伴う可能性があります。ブタは中国で家畜化されたことは間違いないところですが、それが長江の流域での家畜化か、あるいは黄河や淮河の流域での家畜化か、それとも双方なのか、今後明らかにされると思います。

麦には、群れになる草原の草食動物であるヤギとヒツジが、そのごく初期の段階から伴っています。これは麦作の展開とともに地域によって伴う動物も変わってきます。ヨーロッパの森林地帯では、ヤギやヒツジがウシに替わることが代表的な例ですが、西アジアでは今日に至るまで，麦作に密接に関わる動物はヤギとヒツジです。このように、それぞれに伴う動物は、当初から基本的には変わらないで今日に至っています。

稲と麦は、その農耕がはじまる頃から食べ方も対照的です。稲は粒のまま煮て食べることがずっと行われてきました。例外的に別の方法で食べることもされていますが、粒のまま煮て食べるのが現在でももっとも主要な食べ方です。つまり、ごはんです。麦は、農耕がはじまる前の採集段階から、粉にして焼いて食べる方法が中心でした。ここにも例外的な方法はありますが、もっとも一般的な食べ方は粉にして焼いて食べる方法です。こちらはパンです。それぞれに食べ方にふさわしい道具を発達させています。稲ではコメを煮沸する土器が発達しますし、麦ではムギを粉にする製粉具が発達します。これまでに述べたことを表にしてまとめますと、表1のようになります。

3　稲の野生種

栽培種は、その地域の野生種をもとにして栽培化されたのは間違いないのですが、野生種からどのようにして栽培種が成立したのかについては多くの議論があります。栽培化のなされたときとは気候条件などの自然条件も異なっているし、人々が関与する自然への人為的な干渉もあり、現在、その地に野生種がないからといって栽培化当時に野生種がなかったとは必ずしもいいきれないのです。現在広く行われているDNA分析なども試みられてはいますが、決定的な定説はまだないというのが実情です。

稲には広く栽培されているアジア稲と原産地近くでしか栽培されていないアフリカ稲があります。アジア稲にはジャポニカ(温帯ジャポニカ)、インディカ、ジャヴァニカ（熱帯ジャポニカ）があります。その起源地については種々の意見があり、渡部忠世氏の雲南・アッサム単一起源説が広く受け入れられた時期もありました。でも、この地域で栽培種の稲が生まれたという考古学的な証拠はありませんでした。1970年代後半以降、長江の流域で初期稲作遺跡が発見され、ここが起源地の一つと考えられるようになってきました。他の分野の研究者も同調するようになっおり、稲の多元的な栽培化・農耕化を主張する説が有力になっています。

広く栽培されているアジア稲の野生種の分布は、現在中国南部に集中しています。広州や香港付近で海に入る珠江の流域、海南島、台湾、雲南省などで野生種の稲がみられます。こうした地域はいずれも高温・多湿で稲の野生種の成育地域としては適したものがあるのですが、これらの地域のどこにも初期稲作の遺跡はありません。これらの地域には、考古学的な証拠はまったくみられません。逆に、考古学的に初期稲作農耕の遺跡が発見されている長江の中流域には、現在野生種の稲はありません。ところが、中国の漢代の文献によると、長江の中下流域にも野生種の稲が分布していたことが記録されています。それ以降、この地域から野生種が消滅したことを思わせます。種々の情報を総合して考えますと、考古学的に明らかな証拠が蓄積された長江の中流域、あるいは最近最古段階の稲作の証拠が発見されたと報じられている長江の下流域を含む長江の中下流域が、東アジアの稲作の起源地としてもっとも有力になっているといえましょう。

中国の気候は、長江を一つの境として南北で大きく異なります。一番大きく違うのが雨の降る量です。長江の南では、一年の降水量が1000㎜を超えるところがほとんどで、中には2000㎜を超すところもあります。長江の下流域の上海と中流域の武漢や長沙は、距離で1000㎞ほど離れていますが、その気温は大きくは変わりません。長沙が若干暖かく、年平均気温は18度弱、もっとも暑い月には30度になります。上海と武漢の年平均気温は16度台、もっとも暑い月は28度前後です。もっとも寒い月はいずれも4度前後です。

これらの地域よりかなり北になりますが、日本列島の太平洋岸の諸都市の気候条件とよく似ています。日本列島の太平洋岸の諸都市は、年降水量は1000㎜以上、年平均気温は16度前後、もっとも暑い月は27～28度、もっとも寒い月は6度前後と類似した気候をしています。こうした気候条件下において人が関与しない自然の状態では、照葉樹林の森林が広く覆うことになります。中国では長江の流域に主に照葉樹林の森があり、それが朝鮮半島の南岸を経て、日本列島の関東以西の部分に達しています。稲作は、この照葉樹林と深い関係にあります。

一方、長江の北は雨量が少なく、草原が主要な植生になります。ここは歴代長江以南とは別の歩みをすることになります。若干雨量の多い海岸地帯には稲作が広がるところもありますが、畑作地帯が広がるところがほとんどです。ここの穀物農耕については、後で若干触れることにします。

そのさらに北の地域、中国の東北部やロシア沿海州などには、落葉広葉樹の森があります。落葉広葉樹の森は朝鮮半島を経て、日本列島の東北地方以北の地域につながります。現在では、さまざま工夫をして稲作が行われているところもありますが、本来的には稲作には不向きな気候です。

中国南部の現在でも野生種の稲がみられる、いわゆる華南の地域は照葉樹林の広がる地帯よりも格段に暖かい気候条件をもっています。広州や香港に代表されるこの地域には、亜熱帯の森林がみられます。これは日本列島の奄美大島以南の南西諸島にみられる植生です。ここには遅れて稲作が長江流域からもたらされます。

気候条件と合わせて森林の状況をみてきましたが、東アジアには、南から亜熱帯樹林、照葉樹林、落葉広葉樹林があります。その中には、華北平原を中心にして雨量が少ないので草原になる地帯もありますが、大部分は自然状態では森になるところで占められています。これは世界的にみてたいへんに珍しい地域です。稲作は、この中の照葉樹林地帯の湿地で開始された農耕です。

4　麦とヤギ・ヒツジの野生種

西アジアの麦作を中心にした農耕の特徴は、麦の農耕とヤギ・ヒツジの牧畜が組み合うところにあります。麦は草原に生える植物ですし、ヤギ・ヒツジも草原を舞台にして暮らしていた動物です。西アジアの自然は雨が少ないことが一つの特徴で、山岳地帯には森がみられるところもありますが、草原と砂漠が広い面積を占めています。年間の降水量は多いところで300～400㎜、少ないと100㎜以下のところもあります。東アジアと大きく違うことがわかるでしょう。雨が冬に降る地中海性気候に覆われています。こうした少ない雨量で何とか農耕ができるのは、麦が水分のある冬を中心にして成育する冬作物だからです。ティグリス・ユーフラテスの両河地帯は降水量のきわめて少ない、砂漠になっているところです。それを西・北・東と取り囲む山並み周辺は雨が比較的多いので草原になっています。その山麓地帯が俗に「肥沃な三日月弧」と呼ばれている地域になります。地域による環境の変化が大きいことも特徴としてあげられるでしょう。現在でも、より湿潤な場所で麦を主にした農耕を、より乾燥したところでヤギ・ヒツジの牧畜を行っています。人をまったくよせつけない砂漠が広くあるのも忘れてはならないことです。

麦の野生種は西アジア、中央アジア、北アフリカにも分布していますが、その中心はティグリス・ユーフラテス両河地帯を取り巻く「肥沃な三日月弧」です。ここには麦類の各種の野生種があり、それが複雑な交雑を繰り返して現在の栽培種のコムギやオオムギが成立したものと考えられています。現在の栽培種が成立する過程については、各方面から種々の仮説が出されていますが、決定的な説はまだないということができます。

麦の農耕の起源をめぐる考古学的な調査研究は、第二次大戦後、イラン・イラク・トルコ・シリア・ヨルダン・イスラエルを中心にして日本を含む欧米各国の調査団が実施してきましたが、その端緒となったのはアメリカのシカゴ大学のR.J.ブレードウッドを中心にする調査団でした。彼らは調査開始直後に、イラクのジャルモ遺跡で初期麦作農耕村落を確認しました。そうした調査研究を続けることによって、麦作農耕の起源と展開を究明することができることが明らかにされました。多くの方面の自然科学者を含む調査団によって多くの視点から調査と研究が繰り返され、多くの資料が蓄積されました。

麦の農耕化の具体的な過程がユーフラテス川中流域で確認されています。ここでは、一つの遺跡で採集段階の麦の利用にはじまり、農耕段階にいたる過程が確認されています。それによると、住居の面でも農耕や調理に関わる道具の面でも、採集段階から農耕段階に至る過程で徐々に変化した様子が確かめられています。農耕は突如現れるのではなく、徐々に採集から農耕へと移り変わったことが明らかにされています。もっとも、この地域における麦類の利用は、1万8000年ほど前からの終末期旧石器時代にはじまる長い歴史をもっています。その積み重ねの上で、ほぼ1万年前の麦の農耕が成立したのです。ほかにもザグロス山脈の麓で麦が農耕化された可能性があります。1970年頃から続く戦乱で、この付近の調査が長期間にわたり困難な状況が続いています。これがこの地域の解明を遅らせているのは残念です。

麦の農耕と密接な関係のあるヤギ・ヒツジの牧畜も、野生種の分布から「肥沃な三日月弧」の北の部分でなされた可能性が高いとする説が有力です。ヤギは現在かなり広い分布をみせていますが、ヒツジの分布は「肥沃な三日月弧」の北側にその中心があります。ヤギとヒツジの牧畜は、麦の農耕に遅れてはじまったことも確認されています。ヤギ・ヒツジも旧石器時代以来、この地域の主要な獲物の一つとして狩猟されてきた動物です。ほかにも狩猟されていた動物はあるのですが、それらの中で馴れやすいヤギとヒツジが選ばれて飼育されるようになったものと考えられます。

麦の農耕やヤギ・ヒツジの牧畜がはじまったといっても、いきなりそれだけに頼る生活になったのではありません。地域によっては、新しい狩の道具が作られたり、追込み猟の遺跡が増えたりしているところもあります。それまでの暮らしの中に新しい暮らしの方法が加わり、しだいに農耕と牧畜に比重が移っていったと考えるのがよいでしょう。

第二次大戦後にはじまった調査研究の積み重ねが、こうした具体的な証拠をもたらしています。農耕の起源と展開が具体的に明らかにされているもっとも進んだ地域といえましょう。しかし、今後に残されている課題もまだまだたくさんあります。戦乱が終わり、調査と研究が安心して行える状況が早く訪れることが期待されます。

5　その他の栽培された植物

稲と麦以外にも多くの植物が栽培されています。その中でもかなりしっかりと地域に定着したものは、中国北部の粟と黍、東南アジアのタロイモとヤムイモ、アフリカのサハラ砂漠以南のミレットと総称される各種の穀物です。このほかにも多くの植物が栽培されたのでしょうが、一部の地域に留まっているもの、その痕跡すらはっきりしないものもかなりあります。また、16世紀以降、新大陸産のとうもろこしなどに置き換わったものも少なくありません。新大陸産の栽培植物の導入以後、栽培植物の世界は大きく変化しました。

こうした中で、現在、農耕の起源と展開の様相がかなり明確に確認されているのは、中国の長江の北にみられる粟と黍です。その農耕は、遅くとも8000年以上前にはじまるものと考えられます。あるいはもっと早く1万年前くらいからはじまったのかもしれません。草原の中にある野生種からの栽培化と考えられます。今後の調査研究が待たれます。

先にもみたように、黄河や淮河の流域を中心にした華北の平原は、雨量が少ないので、自然の植生は草原になっています。粟と黍の農耕は、この草原に由来するものです。製粉具があり、煮沸用と考えられる土器も豊富にあることから、当初は粟や黍を粉にして煮て食べていたものと思われますが、中心部では、6500年ほど前から製粉具がみられなくなり、替わって穀物煮沸用と思われる土器が現れます。ここで一つの調理の変革があったのではないかと考えています。それは粟や黍の粉食から粒食への転換です。しかし、穀物を煮て食べるということでは変化はありません。後で触れますが、ここにはもう一度大きな転換が訪れます。ブタがこの農耕に伴う動物としてあることが確認されています。

この農耕は、5000～6000年前には中国の東北部やロシアの沿海州の落葉広葉樹林地帯にも広がり、そこにあった採集・漁労・狩猟生活の社会に取り入れられます。全面的に農耕社会に変わるもの、あるいは従来の生活の一部に農耕を取り込むものなどいろいろな対応がみられますが、それぞれの土地にしっかりと定着します。

この農耕は黄河中流域を中心にして独自の展開をして、やがて金属器を生み出し、東アジアの都市ともいえる都城を作り、文字も創設し、文明の段階に達します。東アジアの文明の核になる農耕です。2200年ほど前には諸民族を統括する秦漢帝国という古代帝国を出現させます。ローマ帝国と並んで、当時の世界最大の統一体です。

食の面からいうと、2500～3000年ほど前に西からもたらされた麦の農耕により主要部は置き換わることになります。それはこの地域に西方から入ってきた麦作です。これについては第6章のパンの広がりの項で詳しく述べますので、ここでは簡単にすませます。この麦作は製粉具として完成された、いわば業務用とも呼ぶべき大型の回転臼を伴うもので、でき上がった麦の農耕と調理加工のシステムと一緒に入ってきたものです。ただ、注意しておかなければならないのは、西方では多くの場合、麦は粉にして焼いて食べるのが通例であるのに対し、中国に入ってきた麦は、加工方法としては粉にはするが、それはけっして焼いて食べてはいないということです。そこでは伝統的な広い意味での煮沸によって食べる形を取ることです。もう一つの変革がここには含まれています。華北では、粟と黍の粉食から粒食への変化があったと述べましたが、この麦の導入の際に、もう一度変換が起こります。粒食から粉食への変化です。こうした調理加工の基本形が変化するのはきわめて珍しいことです。

東南アジアのタロイモ・ヤムイモ農耕は、穀物農耕と違い、その実態を考古学的に把握することがきわめて困難なものです。また、意図した調査もほとんど行われておらず、実態は不明です。さらに、これらが具体的な遺物として遺ることは、その性格上ほとんど期待できません。農耕用の道具も調理加工用具も、そこらにあるあり合わせのもので十分に可能です。栽培種と野生種をどうやって弁別するのかも今後の大きな課題です。しかし、現在でも東南アジア大陸部から島嶼部にかけて広く栽培されているので、そうした農耕が行われていたことは間違いのないことだと考えられます。今後の調査研究に待つしか仕方がありません。

アフリカのサハラ砂漠以南の穀物農耕の実態も、まだほとんどわかっていません。アフリカ固有のソルガムとかテフなどと呼ばれる穀物が5000年ほど前から栽培されているのは、考古学的調査で明らかになっていますが、調査例が少ないこともあり、詳細は不明です。ここでは農耕が導入されても、それまでの暮らし方と入れ替わるのではなく、従来の暮らし方に農耕が加わる形の暮らしが長く続いたのでしょう。18世紀以降、多くのところで次第に新大陸産の玉蜀黍に置き換わっている場合が多いようです。

代表的な例をみてきましたが、中国の粟と黍以外の農耕の様相はまだ未解明な状況です。これらが明らかになるのは先のことでしょう。わかっていることが少ないというのが現状です。

6　農耕の役割

農耕の導入は、人々の生活を大きく変える契機になるものです。農耕の役割は人々の社会にとってたいへんに大きなものがあるのですが、それについては明確な議論がないままにきています。今日ある人々の社会は、多くの祖先の成果の上に成り立っているものです。その歴史をどのように考えるのか、これにはいろいろな捉え方があります。技術的な側面から捉えようとするもの、社会の成り立ちから捉えようとするものなどが代表的なものでしょう。それぞれの基準があり、一つ一つの言葉にはそれなりの定義があります。仮説が提唱された時代的な背景もあり、議論が続けられてきました。

筆者は、それぞれの時期の暮らし方で決めるのが一番よいと考えています。500〜600万年前から人々が辿ってきた方法を、住み方を中心にして区分していくのが、もっとも的確に人々の社会の様相を区分できるのではないかと考えています。

すなわち、人類の誕生からほぼ 1 万年前までの「移動生活の社会」、ほぼ 1 万年前からの「定住生活の社会」、早い地域では5000年よりも若干古い時期からはじまる「集住生活の社会」、それに200年ほど前からみられるようになる「密住生活を含む社会」の 4 区分です。現在でも定住生活に入っていない民族もあります。まして、集住生活や密住生活のみられない地域は少なくありません。これらはけっして優劣の指標ではないのです。移動生活でもそこの自然環境にふさわしい生活システムが構築することができたならば、定住する必要は必ずしもないのです。移動から定住、定住から集住、集住から密住と人工的なものの占める比率は高くなります。人々のためには、より効率的な生活にはなるのかもしれませんが、地球規模の自然環境や個々の地域の動植物にとっては迷惑千万なことになるのでしょう。こうした区分を採ることによって、人々の辿ってきた道はわかりやすく説明できるのではないかと考えています。

「移動生活の社会」は、日々の食料を求めて食料資源のあるところを毎日、あるいは季節ごとに移動して歩く生活で、旧石器文化の暮らし方がこれにあたります。この中には毎年ある季節には必ず訪れる地点をもっているような、季節移動型の例もありましょう。季節ごとにかなり立派な住居を構えている例も見受けられます。一つの季節の暮らし方が安定した基盤の上に成り立っていたものでしょう。しかし、多くの場合、年間を通して同じ場所に住んだという証拠に欠けています。やはり、年間を通して同じ場所に住む暮らしのシステムはできていなかったと考える方がよいでしょう。

「定住生活の社会」は、1年を通して同じ場所に住むことのできる暮らしのシステムを作り上げた社会です。新石器文化と呼ばれる多くの社会がこれに該当するでしょう。1960〜1970年代にかけては、農耕がなければこうした社会は実現できないとされ、農耕の重要な役割と考えられていました。農耕がある程度の規模で行われれば、定住することはできるでしょう。しかし、農耕なしでも採集・狩猟・漁労を季節に応じて組み合わせることで、1年を通して定住することのできるシステムを確立して定住している社会が、世界の中にはかなりの数あることが次第に明らかになってきました。日本列島の縄文文化は、この典型的な例となります。農耕の役割はこの段階でも大きなものがありますが、農耕なしでも定住できるシステムを作り上げている社会があるので、定住には農耕が必須の条件とはいえません。

「集住生活の社会」というのは、いわゆる文明の段階に到達して、その社会の一部の人々は日々の食料の生産から離れ、それぞれが農耕とは別の仕事をしながら西アジアの都市もしくは東アジアの都城に集まって住む社会のことを指しています。もちろん都市もしくは都城に住むのは、その社会の一部の人間ではありますが、その人々は農耕や牧畜などの直接食料を生産する場から離れ、商業や手工業に従事することになります。また、こちらが人々の社会の中では重要な要素になるのですが、王、貴族、神官、書記、官僚、司法などの管理職に就く者も現れます。そうした管理する者と管理される者とに階級が分かれる、そうした社会の成立を意味しています。都市は、階級の発生、文字の出現、金属器の発明、社会的な分業の成立、地域を結ぶ交易ネットワークの整備などとともに、いわゆる文明と呼ばれる段階の社会を構成する重要な要件と考えられています。

この「集住生活の社会」の誕生には、農耕の、とくに穀物農耕の存在が必須と考えられます。都市などに集まって住む人々には、食べものを供給しなければなりません。それには運搬のできる形の食料がどうしても必要になります。貯蔵することができて、しかも容易に大量のものを運搬することのできる食料が社会を円滑に運営するためには必須のものになります。「集住生活の社会」が成立するためには、どうしても穀物農耕が欠かせないものになります。ここに農耕の最大の役割があると考えられます。

「密住生活を含む社会」は、近現代の巨大都市が一つの指標になります。「集住生活の社会」とは量的というよりも質的に異なる規模の都市を含む社会の成立です。ここでも、食料の確保が大きな課題になります。工業製品は都市で生産することが可能ですが、人々の基本的な暮らしを支える食料は巨大化した都市では作り出すことができません。「集住生活の社会」とは比べものにならないくらい食料の確保は、社会にとって重要な課題です。ここでも穀物農耕のもつ役割は一層大きな意味をもっています。

農耕は「定住生活の社会」には必ずしも必須のものではありませんが、「集住生活の社会」と「密住生活を含む社会」には、必須の役割を果たしていることを再認識することが重要です。つまり、農耕なしでも定住はできるが、集住はできないということです。

7　今につながるごはんとパン

穀物とその調理法は、それぞれの文化の伝統としてたいへんに根強いものをもっています。現在は世界が大きなネットワークで結ばれるようになり、それぞれの民族が日常に食べる穀物も調理法も大きく変わってきており、世界に食べ物の国境はないような状況になってきています。民族学博物館の館長をしていた石毛直道氏たちは、15世紀以前、つまり新大陸が旧大陸の人々に認識される以前の、さまざまな地域の人々が主な食用にしていた穀物とその調理法を克明に調査して、それを地図にまとめています。

それによりますと、北海道を除く日本列島・朝鮮半島南部・長江以南の中国などの東アジア、インドシナ半島・タイ・インドネシア・フィリッピンなどの東南アジア、ミャンマー・バングラデシュといった南アジア東部はコメを主要な食物としています。しかも、そのほぼすべてでコメをごはんもしくはおかゆとして食べているのです。つまりコメを粒のまま煮て食べているのです。食べ物が多様化している現在でも、この状況は大きくは変わっていないと考えられます。遅くとも9000年前にはじまり、周辺の各地に広がった主要な穀物とその調理法は変化がないのです。

コメを粒のまま煮て食べる地域の北と西には、麦を主な穀物とする地域がずっと大西洋岸まで広がっています。中央アジア、南アジアの西部、西アジア、南ヨーロッパから西ヨーロッパ、サハラ砂漠以北の北アフリカでは、麦を粉にして焼いて食べている人々が広くみられます。つまり、パンを主な食べ物にしている人々です。ここでも、ほぼ1万年前にはじまった主要な穀物とその調理法が、その起源の土地およびそこから速やかに拡散した土地では強い伝統として受け継がれていることを示しています。現在でも基本的な状況は変わってはいないのです。唯一の例外がイタリアにみられます。粉を練り、いわばペースト状にしてさまざまな形に調理するものをパスタと称するのですが、そこで粉を焼かないものが生まれます。おそらく15世紀以降に麦を粉にして、その後、スパゲッティやマカロニのような、いわば麺に類した形で煮て食べる習慣がイタリアでは生じたのでしょう。これは石毛直道氏が考えているのように、中国北部からの移入とするのが妥当なところでしょう。

広い地域で伝統的な穀物とその調理法が、しっかりとその中心地域とそこから早い時期に拡散した地域に、長いところでは1万年、短くても数千年間にわたって受け継がれてきたのがわかるでしょう。食生活の伝統の強さを物語るものです。

麦を粉にして焼いてパンとして食べる人々のいる北と東の、いわばパンの辺境地帯ではやや異なる食べ方をするようです。先にもちょっと触れましたが、中国の黄河や淮河流域を中心にした華北では、3000年前以降に麦がそれまでの粟や黍に代って主要な穀物になります。ここでは麦を粉にするまでは同じなのですが、それを焼かずに、広い意味で煮沸する調理法を採りました。これは、それまでの主要な穀物の調理法を受け継いだものです。麺類や饅頭などのような食べ方です。これがその後の伝統になり、今日にまで受け継がれるのです。

もう一つ、東アジアでは異なる食べ方がなされていたようです。チベットを中心にした地域ですが、ここでは気候の関係で大麦が主な穀物になります。大麦を粉にするのですが、粉に熱湯を注ぎ、蕎麦掻きのような形で食べるのです。ヨーロッパの北部にも麦を主にするところが広がりますが、ここでは、やはり気候の関係で大麦、裸麦、ライ麦、オート麦などが中心になります。これらを粉にして焼いて、いわゆる黒パンなどとして食べることもするのですが、粒のまま押し潰したりして、オートミールのような食べ方もします。このように若干の例外はありますが、麦は粉にして焼くのが一般的です。

サハラ砂漠の南のアフリカでは、ミレットと総称されるアフリカ固有の穀物を粉にして、お練りとかフウフウとか呼ばれる粉粥状の食べ方をしていたようです。でも、ここでは麦地帯のような製粉具は生まれていません。竪杵と臼で粉にして利用していました。詳しいことはまだよくわかりませんが、ここにも伝統的な食の習慣があったものと思われます。しかし、16世紀以降、新大陸原産のとうもろこしが主要な穀物になっていきます。

現在の状況をまとめてみますと、東アジアの南部では、コメを粒のまま煮て食べるということで、過去9000年間変化していません。中国の北部は、旧大陸の中で食の慣習が大きく変わった珍しい地域です。まず8000～9000年前に粟と黍を粉にして煮て食べる習慣がはじまります。それが7000年ほど前に粟と黍を粒のまま煮て食べるように変化します。その後、3000年ほど前に西の方から麦を粉食する食べ方が入ってきます。大型の製粉具を伴う調理体系とともに入ってきたものです。粉食→粒食→粉食と大きな変化がありますが、穀物を煮て食べるという点では変化がありません。西アジア、ヨーロッパ、北アフリカなどでは、麦を粉にして焼いてパンにして食べるという習慣は過去 1 万年間変化がありません。この麦を粉にして焼いてパンにして食べる習慣には、その開始当初に近いときからヤギとヒツジという家畜の飼養が伴っています。あるいはそれがウシに替わることもあります。いずれにせよ、家畜からの肉製品と乳製品が伴うのが特徴です。パンと肉･乳製品の組合わせです。これは過去 1 万年間まったく変わっていません。

以上みてきたように、ごはんやパンで示された食に関する伝統は非常に根強いものがあります。それは調理法を含むそれぞれの食の体系が、その土地の自然環境に応じて誕生した文化伝統にもとづいたものだからでしょう。グローバル化した食の体系が世界を駆けめぐったとしても、表面的には大きく変化したようにみえたとしても、基本になるものは大きく変化することはないものと期待したいと思います。それぞれの土地で受け継がれてきたものを次の世代に伝えることは重要なことと思います。それが文化の多様性を維持し、豊かな世界にする源になると思います。

第2章　ごはんのはじまり

1　中国の自然

東アジアの稲作農耕の起源は、中国の長江（揚子江）流域にあることはまず間違いがないところですが、その前提としてまず中国の自然の特徴をみておきたいと思います。これについては、すでに第1章で気候面の概略をみていますが、もう一度少し総合的にみておきましょう。

中国は広大な国土をもっていますので、そこには種々の気候帯があります。自然の気候に大きな影響をもつのは、降雨の量と降雨の季節および気温です。中国では、雨は気温の高い夏に降る地域がほとんどで、この点では大きな違いはありません。降雨の量は、長江の北と南で大きな違いがあります。この違いはきわめて大きなもので、長江の南では華南の広州や香港にいたるまで年間の降水量が1000㎜を超えるところがほとんどすべてで、中には2000㎜を超えるところもあるのに対し、長江の北では多くても700㎜程度、大半は500㎜前後になります。長江の北でも東の海岸近くは比較的降水量は多いのですが、西の内陸部に行くに従い降水量は減り、年間降水量が100㎜前後になるところもあります。後でもう少し詳しくみますが、長江の南では自然の植生は森になり、その中に湿地がかなり含まれる土地になりますが、長江の北では降水量が少ないので自然植生は草原になるところも少なくなく、さらに降水量が少ないところでは砂漠になります。

気温は、南で高く北で低いのは当然といえば当然なのですが、これにも大きな違いが長江の北と南にはみられます。長江流域以南では、夏と冬の気温の較差が比較的小さく、海岸部と内陸部との違いもさほど大きくはありません。長江の北になると夏と冬の気温の較差が大きくなり、海岸部と内陸部の夏と冬の気温の違いも増大します。

この降水量と気温により自然の植生が規定されます。中国の自然の植生を現在みることは、人間の関与があまりにも大きいのでほとんど不可能です。降水量と気温から推測するしか方法がありません。東海岸や長江以南の比較的降雨の多い地域は、それぞれの地域の気温に応じた各種の森林があったものと思われます。中国東北部を中心にした冷涼な地域ではナラ林などと呼ばれる落葉広葉樹が、長江の流域などの温暖な地域では照葉樹林とも呼ばれる常緑広葉樹の森が、その南にある華南では亜熱帯樹林が自然の植生であったものと考えられます。それぞれの林は日本列島にも連なっています。中国東北部に中心のある落葉広葉樹林は、日本列島の北海道から東北地方北部の同様の森につながります。長江の流域が中心の照葉樹林は、日本列島の東北南部以南の森に連続します。華南に中心のある亜熱帯樹林は、日本列島の南西諸島に延びています。

黄河流域や淮河流域、山東半島などで、十分な降雨のない地域では自然の植生は森にはならないで草原になります。さらに、長江以北のとくに雨量の少ないところでは、草原にもならずに砂漠になるところが多いのです。自然植生が草原や砂漠になるところは、日本列島にはまったくありません。同じ東アジアにありながら、日本列島は中国以上に雨量の多いところなのです。

中国の土壌も、長江の北と南では大きく違います。北では黄土と呼ばれる細かな土が主体になります。この黄土は春先などに季節風により空に舞い上がって日本列島に黄砂としてやってくるものです。南には紅土と呼ばれる暑い気候のところに生成する特徴をもつ土があります。土も北と南ではこのように違うのは、長期にわたる気候の影響が作用しているものと考えられます。また、中国には長江や黄河のほかにも多くの大河があります。大河が運ぶ土砂の影響も大きなものがあります。大河の中流域や下流域には、こうして運ばれた沖積土が膨大な量堆積しています。そうした中で長江の中流域と下流域には、湿地など年中湿った環境に堆積する湿土と呼ばれる土がかなり広範囲にみられます。この湿土は初期の稲作関連遺跡とたいへん密接な関係をもっています。

初期稲作関連遺跡は、土壌では湿地環境に特有な湿土という土壌と密接な関係があり、雨量は多く、温度は温暖、自然植生は照葉樹林という環境の中に位置しています。こうした条件が稲作に好適な条件ということができるでしょう。

2　稲作の生まれるまで

中国では主として長江の流域に、栽培種とされる稲と初現的な土器が、洞窟などから一緒に発見される例が報告されています。詳しい報告はまだ少ないので、その具体的なことは不明なのですが、報じられている年代はきわめて古いものです。1万3000年以前の年代のものもあり、近年盛んに行われている炭素14年代の較正年代によれば、1万5000年以前のものもあるといわれています。長江中流域の洞庭湖の南、湖南省の西南部にある玉蟾岩遺跡、江西省の東部の仙人洞遺跡などを代表例にするものです。

いずれの遺跡も山地や湿地が点在していたと考えられる平原に接する地点に位置しています。これが、この種の遺跡の立地の大きな特徴です。湿地が点在していたものと思われる平原と森が覆っていたと考えられる山地を使い、さまざまな暮らし方ができたことでしょう。採集・漁労・狩猟をもとにした社会にとっては好適な位置ということがいえるでしょう。こうした遺跡からは鹿などの動物の骨も出土していますが、狩が積極的に行われていたことを示す道具はまったくありません。こうした遺跡から出土した道具は、中国の南部から東南アジアの旧石器時代以降の遺跡に通常みられる礫器と剥片という、およそ特徴のない石器だけです。他の地域のように、ある目的に特化した道具はありません。何の目的にも使うことのできる、よくいえば万能の、ある意味ではあり合わせの道具ということができるものです。また、遺跡は樹木の繁茂する中にあったと考えられるので、見通しが悪く、遺跡を基地にして積極的にある種の動物の狩猟をすることは困難です。

こうしたことを考え合わせると、あり合わせの道具を使ってすることのできる暮らし方をしていたものと考えるのが妥当でしょう。湿地、平原、森にある多様な食料資源を採集・漁労・狩猟の手段を組み合わせて獲得していたものと推測することができます。遺跡周辺の環境が森と湿地と平原の組合わせということになれば、植物の利用が中心になっていたと推測することもできます。そうした活動の中に、稲の採集という活動もあったのではないかと思われます。また、洞庭湖周辺では旧石器時代の遺跡が、湿地をかなりの比率で含んでいたものと思われる平原の中に散見されます。他の地域の一般的な旧石器時代の遺跡の立地とは大きな違いがあります。多くの地域では旧石器時代の遺跡は、異なる生態系の接点にみられるのが一般的です。ここでは、比較的単一であったと考えられる生態系の中に遺跡があります。植物の採集に、とくに湿地に生える植物の採集に適した遺跡の位置の選択ということができるでしょう。稲の栽培化への過程は、麦などの他の植物の栽培化への過程とは別個に考えていくことが必要であると思われます。稲の採集から栽培への過程、次いで栽培から農耕への過程、さらに安定した農耕への道筋を稲独自の観点で究明することが大事であると考えます。

表2　中国の新石器文化

年前	区分	長江中・下流域	黄河・淮河流域
9000	早期	彭頭山文化 河姆渡文化　皀市下層文化	南庄頭遺跡 後李文化 磁山・裴李崗文化 北辛文化
7000	中期	大渓文化 馬家浜文化 崧沢文化	大汶口文化　仰韶文化
5000	晩期	良渚文化　屈家嶺文化 石家河文化	各地の竜山文化
		稲の水田稲作	粟・黍の畑作

こうした遺跡からみつかった栽培種の稲というのが、どのような根拠で栽培種とされたのか詳しいことはわかりませんが、疑問のあるところです。これらの遺跡から出土した栽培種とされる稲よりも数千年後に出てくるかなり整った段階の彭頭山文化の稲ですら、野生種か栽培種かの議論があります。種々の面から検討されていますが、結論はまだです。今後もその究明は続けられるでしょう。

このような稲と初現期の土器のある遺跡と現在初期稲作関連の遺跡の中で、もっとも古い段階と考えられる彭頭山文化の遺跡との間を埋める遺跡の発見が期待されます。西アジアの麦の採集から農耕への過程は、まだ多くの問題を抱えてはいますが、ほぼ明らかになってきています。そこで明らかにされている過程とは、稲作の場合はかなり異なることが予測されます。独自の過程があったことを十分に念頭に入れつつ、多方面からの究明が必要です。稲の栽培化については、その研究はまだその緒についたところです。今後、各方面から研究が進展することが期待されます。

中国の新石器文化は、表2のように考えられています。これを参考にしながら、以下の話を読んでください。新石器文化晩期の後は、中原で都城のある文明の段階に入ります。4000年ほど前のことです。

3　洞庭湖西辺の遺跡

現在、稲作は約9000年前に中国の長江（揚子江）中流域、洞庭湖の西辺で開始されたことが考古学的に確認されています。あるいは、将来より古い遺跡が中国内部のどこかで出現するかもしれませんが、現在の状況では約9000年前の洞庭湖の西辺の遺跡がもっとも古い年代のものです。これらの遺跡は彭頭山文化と呼ばれている文化に属しています。洞庭湖に注ぐ澧水の北側の、現在の澧県域のごく限られた範囲に彭頭山文化の遺跡は集中しています。東西30㎞、南北20㎞ほどのごく狭い範囲です。彭頭山文化の遺跡がこの狭い範囲に集中していて、ほかの地域には同種の遺跡がまだ確認できていないということは、彭頭山文化の性格を考える際の一つの鍵をもっていると思います。

これらの遺跡は、現在の水田の中にある周囲より数メートルほど高い微高地にあるのが一般的です。中には周辺の水田とほとんど変わらない高さの場所にあるものもあります。周辺には水田と水路があるだけの広い湿原の中に位置しています。水田の多くがどの季節にも常に水のあるいわゆる湿田です。水田の中にある低平な島に遺跡があるという表現がもっとも適切であるかもしれません。見渡す限り水田また水田、その中に水路と畦に植えられている樹木、それに人家が点在しているのが現在の状況です。水路の中には多くの小魚がみられます。人家の中には、水路の上に基礎をおいているものもあります。水、水、水と水が溢れているのが洞庭湖の西辺の様相です。

彭頭山文化の遺跡の多くは、数ha〜10haの広さをもっています。これは初期の農耕遺跡としては、かなりの広さということができましょう。いきなり、こうした大きな規模の遺跡が出現するのをどのように考えたらよいのでしょうか。一つにはある事実をそのまま受け入れ、初期稲作遺跡の特徴として捉えることでしょう。これについてはいろいろなことが考えられますが、こうしたことを考える際にどうしても頭から抜け切れないのは、かなりよくわかってきている麦作の状況です。それと切り離した形で考えていくことが重要に思えます。稲作に関連する遺跡、立地などの様相はわかっていることが少ないのですが、その少ない様相からも麦作とはかなり違う様子がみて取れます。麦作から得られる先入観にとらわれずに、わかっていることを積み上げていくことが重要だと思います。

具体的な形で稲籾が、彭頭山文化の遺跡から出土しています。とくに八十壋遺跡からは、かなりの量の稲籾が発見されています。これらの彭頭山文化の遺跡出土の稲は、栽培種なのか野生種なのか議論されている段階のものです。将来の多角的な検討で決まることになるのでしょうが、耕起具がまったくみられない、彭頭山文化の遺跡の分布範囲がきわめて狭い範囲に限られている、彭頭山文化の遺跡の多くは彭頭山文化の段階で断絶するなどの他の種々の側面から考えて、彭頭山文化の稲作は安定した段階の農耕に達していたかどうか疑問があります。その稲が、たとえ採集されていたとしても、竪穴住居址があること、遺跡からはかなり完成された様相を示すかなりの量の土器の出土もあるなどの理由により、一年を通して居住していたことは確実だと考えられます。つまり遺跡に定住していたものと思われます。

この地域には、彭頭山文化に続く6000～7500年前とされる皀市下層文化・大渓文化の遺跡もあり、彭頭山文化から皀市下層文化・大渓文化への種々の面での円滑な展開も把握されています。遺跡の大きさも大きくなり、大規模な遺跡と中小規模の遺跡がみられるようになります。彭頭山文化との大きな違いは、その分布が長江の中流域を中心にして広い範囲に及ぶようになることです。また、大規模な遺跡は歴史時代に至るまで居住が続くようになることです。遺跡が継続して居住されることは、居住が続く間は暮らし方に大きな変化はなかったことを示していると考えられます。皀市下層文化の段階で安定した稲作農耕が定着したことを示しているといえましょう。

これらの文化の遺跡は、彭頭山文化の遺跡と同じように現在の水田の中にあります。広い湿原に展開している水田地帯で、その中を縦横に自然の川や人工の用水路が走っています。長江中流域の水田稲作は、その初期段階においても、また安定した農耕段階になっても、水路が縦横に走る広い湿原と密接な関係にあることを示しています。彭頭山文化以前にあっても同様な環境の中で暮らしていたことを示唆するものかもしれません。

4　彭頭山文化

彭頭山文化の遺跡は、文化の名称にもなっている彭頭山遺跡（写真 1）とそれよりも若干新しいとされる八十壋遺跡（写真 2）が代表的な遺跡です。これらの遺跡を含め、彭頭山文化の遺跡は、先にもみたように長江中流域の洞庭湖に注ぐ澧水の北側の狭い範囲に集中しています。遺跡は数ha～10haの大きさがあり、初期農耕関連の遺跡としてはきわめて大規模なものです。八十壋遺跡では竪穴住居址も発見されています。土器も必ずしも多いとはいえませんが、各遺跡からかなりの量が出土してい

写真1　彭頭山遺跡（湖南省）

写真2　八十壋遺跡（湖南省）

ます。形がわかるように復元された土器も相当量あります。こうした様相をみますと、年間を通して定住をしていたものと考えられます。

土器の種類は少ないですが、完成された様相をしています（図 2)。稲作以前と考えられる遺跡から出土した土器とは大きな違いがあります。この間をつなぐ土器の発見が待たれます。主な土器の形は 2 種類です。口がすぼまり球形の胴部をした丸底の中国で「釜」と呼ばれることの多い土器と浅い鉢形の土器です。このほかにやや長胴の口が若干広い、中国で「罐」と呼ばれる土器がありますが、「釜」との違いははっきりとしません。これらの中には吊手をもつものもあります。「釜」も「罐」も煮炊きに適した形をしています。これらの土器は、一番太いところの胴の径も高さも30cmくらいが平均的なもので、40cm近いものも含まれています。土器の胴や底の厚さも均一に薄く整えられています。煮炊きの際に火の回りを速やかにするように薄くすることと均一にするための念入りな調

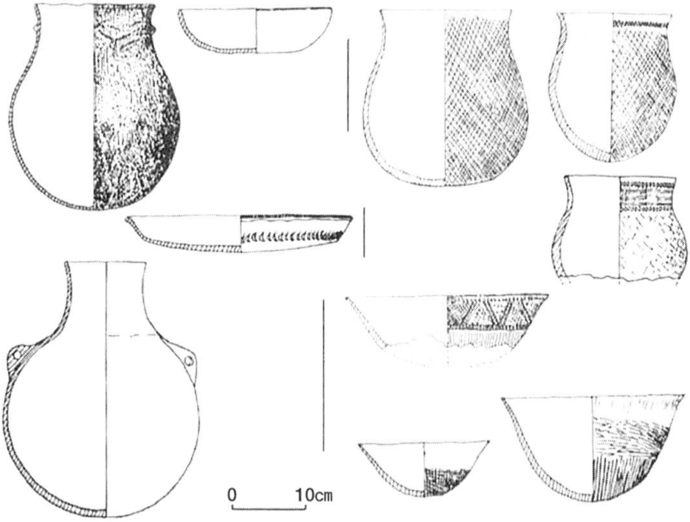

図 2　彭頭山文化の土器（左:彭頭山遺跡、右:八十壋遺跡）

整がなされています。コメを煮炊きするのが主要な目的であったものと推測されます。表面は縄目がついているとされていますが、何かで擦った痕と考えられる調整痕もあります。これらの痕は、装飾のためにつけられたのではなく、土器を作るのに際して調整をしたときの痕と考えられます。彭頭山遺跡の土器には装飾はみられませんが、八十壋遺跡の土器には、口の下に刻み目などの装飾がついているものもあります。丸い底の土器ですから、煮炊きするのは不便とも考えられますが、丸底の土器を火の上で支える土製の支脚があります。三方から支脚で土器の底を支え、底に火が十分に回るようにしていたのでしょう。穀物の煮炊きのためのシステムとしてはかなりの程度に完成したものと考えられます。これには長期間の前史があったことを予測させます。

かなりの量の稲籾が八十壋遺跡から出土しています。稲が重要な食料になっていたことを示しています。遺跡はいずれも湿原の中にあり、湿原での暮らしを目指して位置が選ばれたであろうことを推測させます。遺跡から魚の骨が出土することも注目されます。湿原の中の水路で採捕したものでしょう。今日にまでつながる稲と魚の組合わせが初期の段階からみられることは興味深いことです。

彭頭山文化の遺跡は、それ以降の時期には継続して居住されていないものが多いようです。彭頭山文化の後に続く皂市下層文化の遺跡や大渓文化の遺跡は、その後にも継続して居住され、歴史時代にも居住が確認される例が少なくありません。先史時代の研究成果の上に立って考えると、遺跡の居住に断絶があるときには、その間に暮らし方の大きな変化があったことを示していることが多いのです。逆に、継続しているときには、暮らし方に大きな違いはなかったと考えることができます。こうしたことをもとにして考えると、彭頭山文化と皂市下層文化との間には暮らし方に大きな変化があったことが推測できます。遺跡の立地はほとんど変らないようにみえます。今はわかりませんが、何らかの自然生態的な違いがあったのではないでしょうか。将来の重要な研究課題です。

耕作用の道具はまったくみつかっていません。遺跡がこの時期のみで後に続かない、遺跡の分布範囲がきわめて限られている、耕作具がまったくないことなどを考え合わせると、本格的な農耕以前の段階と考えるのがよいように思われます。多くの課題が将来の調査と研究に課せられています。

5　彭頭山文化の暮らし

彭頭山文化の遺跡は、湖沼が点在する湿原の中の微高地にあります。他の立地にあるものは発見されていません。このことからみる限り、湖沼の点在する湿原を主要な生活の場にして、そのような環境内の食料資源を目的として生活の場を定めたとすることができます。周辺には丘陵もなく、山地もありません。もっぱら湿原があるだけです。湿原内で暮らすことを考え、居住をしたものでしょう。

彭頭山文化の遺跡から出土しているもので、食料に関連したと考えられるのは稲籾と魚の骨、それに鹿の骨です。先にもみたように、石器や骨角器には魚や鹿を採捕するために作られたと考えられる専用の道具は見当たりません。また、それらを調理加工するための道具と考えられるものもはっきりしません。あるのは万能の道具に使われた可能性の高い礫器と剥片だけです。あり合わせの道具というか、間に合わせの道具というか、そうしたいきあったりばったりの道具があるだけです。

このような特化した道具がみられないのは、長江流域から南の中国から東南アジアにかけての地域の文化に歴代にわたってあることです。もし、鹿の狩猟あるいは魚の漁労というようなものが暮らしの中で大きな位置を占めているならば、当然それ専用に特化した道具が生まれているはずです。それがなく、間に合わせの道具だけしかないところをみると、それらは暮らしの一部を占めていただけなのでしょう。湿原の中で脚をとられた鹿を偶然狙うような方法もあったのかもしれません。こうした道具しかないことは、あるものに特化した暮らしの方法がなく、種々の方法を組み合わせてさまざまな食料を獲得して暮らしていたことを推測させます。西アジアなどでは、後期旧石器時代以降、植物にしろ動物にしろ、ある種のものの利用に特化していく傾向が認められ、道具も次第に特化することが認められます。あるいは専用化した道具が出現します。こうした西アジアの様相とはまったく異なる展開です。とくに植物の採集には、ほとんど道具を必要としません。またその加工調理も手さえあれば、何とかすることができます。主要なものは植物の採集であったのでしょう。

特化した道具をもたずに、旧石器文化からの伝統的な道具しかみつかっていないことは、種々の資源を対象にした採集・狩猟・漁労を組み合わせた暮らし方が推測できます。その中でも、植物の採集が中心であったものと考えられます。そうした暮らし方の中で、稲の採集が次第に比重を高めていき、それがさらに原初的な農耕に転換していったのではないでしょうか。とても安定した農耕とは呼べる段階のものではなかったと思われます。彭頭山文化の稲が栽培種か野生種かという議論があるのも、こうした推測の傍証になるのではないかと考えています。

この後に続く皂市下層文化の遺跡が、数を増やし広く湿原の中に分布しているのに対し、彭頭山文化の遺跡の分布範囲はきわめて限られています。現在では、その詳細を明らかにすることのできるデータはありませんが、このような生活をすることのできる自然生態系が限られた範囲にあったことを示しているのではないでしょうか。多くのことを推測してきましたが、将来の調査と研究がその真実を解き明かすことになるでしょう。

煮炊きのための土器がかなりの量あること、遺跡の規模が大きなものがあること、住居址が発見されていることなどから、コメを主にして、魚や鹿などを利用する定住生活をしていたものと考えることができます。彭頭山文化の暮らし方を基礎にして、それを展開したのが次の皀市下層文化であったと思われます。後で述べますが、この段階で安定した稲作農耕が成立したものとすることができるでしょう。

6　皀市下層文化・大渓文化

彭頭山文化に続く皀市下層文化および大渓文化の遺跡は、その数も大幅に増え、洞庭湖周辺の地域に広くみられるようになります。彭頭山文化の遺跡は数が少なく、その分布範囲もごく限られていたのに対し、分布範囲も洞庭湖周辺に広く拡大します。さらに広い地域の類似の環境にも出現するようにもなります。彭頭山文化の遺跡の分布が何らかの自然生態系の条件で制限されていたと考えられるのに対し、そうした条件とは関係なしに、遺跡は湖沼の点在する湿原があれば、そこには遺跡があるといってもいいすぎではないほどに遺跡の数も増え、分布範囲が広がります。何らかの自然生態系の条件を克服したと考えることができます。考えられるのは、稲が大量に生育できる条件を人工的に作り出すことに成功したことではないでしょうか。言い換えれば、稲が自然にあったところで、採集に近い形の原初的な農耕から、稲の生育できる環境を人々が作り出す本格的な農耕に移行したことを示しているのではないでしょうか。

10haを超えるような大きな遺跡も現れ、これらの多くはこの後も継続して居住され、歴史時代まで続きます。先にも述べたように、遺跡が継続して居住されているということは、暮らし方に大きな変化はないということを示していると思います。皀市下層文化から大渓文化の時期に確立した暮らし方が、そのまま引き続き歴史時代にまで行われていたことを示しているのだと思います。それは湿原を使った本格的な稲作農耕であったものと考えることができます。

10haを超えるような広い面積をもつ大規模な遺跡と、1 ha以下の面積しかない小規模な遺跡やその中間の中規模な遺跡が出現します。大規模な遺跡は、それぞれの地域の中心になる、いわば拠点的な集落と考えられます。中小規模の遺跡は、大規模な集落を取り巻く集落の跡でしょう。このような形で異なる規模の集落が出現することは、この段階で社会が多様化してきたことを示していると考えることができるでしょう。ある意味では、稲作農耕が確立して、それに応じた社会が地域に現れたことを示していると思われます。

遺跡は、彭頭山文化の遺跡と同じような水田の中の微高地にあります。表面的にみえる範囲では、両者の遺跡の位置の違いが何に起因するのかは明らかではありません。この後に続く歴史時代まで継続して居住される遺跡がかなりの数あります。とくに大規模な遺跡でこうした傾向が強いように思われます。

土器の種類や量も彭頭山文化の時期に比べると、格段に豊富になります。さまざまな形の土器がみられるようになり、さまざまな装飾のある土器も現れます。コメの煮沸をはじめとする食べ物の調理を中心にした、あまり装飾のない彭頭山文化の土器とは大きな違いがみられます。土器がさまざまな用途をもちはじめたことを示しています。とくに凝った装飾を施されている土器がみられることは、日常の土器の機能に加えて、祭祀や儀礼の場でもハレの場の道具として多様な土器の使用があったことを示しています。農耕社会の進展に伴い社会が複雑化し、実用的な面だけでなく、さまざまな面で社会に必要な場が現れ、土器にみられるような多様化が出現したのでしょう。

この段階の終末近くになると、遺跡を取り巻く濠をもつ遺跡も現れます。大型の遺跡のことです。この後の時期に広くみられるようになる環濠集落の出現です。環濠集落は、外敵に対する防御の機能のために現れたとされています。彭頭山文化の八十壋遺跡の報告の中には、ここでも溝が発見されたとされています。これが集落の周りをぐるりと取り囲む形になるかどうかはわかりません。環濠のはじまりとする考え方もありますが、それは皀市下層文化あるいは大渓文化の集落に必ずあるものにはなっていません。集落から水もしくは湿気を抜くためのものとも考えられます。防御を主な目的にする環濠は、ある程度の社会の成熟がなければ必要ではありません。環濠集落は、皀市下層文化か大渓文化の時期に出現したと考えるのがよいように思います。

このように遺跡・遺構・遺物にわたるあらゆる面で、社会は彭頭山文化の段階に比べ大きく成長した姿をみせています。農耕が進展したことを背景にした本格的な稲作農耕社会が到来したことを示すものです。この後の時代に続く社会の基盤をなす稲作農耕の安定した基礎が確立したことを示しています。

稲作農耕は、この段階で洞庭湖周辺と類似の環境の土地に広く拡散します。長江の北の特殊な環境の土地にも稲作農耕が行われていたことを示す証拠が得られていますが、この後の稲作農耕の展開にとってより重要なのは、杭州湾沿岸地域を中心にした長江下流域への拡散です。あるいはまだ明確には確認されてはいませんが、長江下流域の稲作農耕の出現は洞庭湖周辺地域とは別に、長江下流域で独自に出現したものが展開したのではないかという考え方もあります。杭州湾に注ぐ銭塘江の支流の近くで、彭頭山文化に匹敵するか、あるいはそれをさらに凌駕する古い年代の栽培種の稲と古い土器の出土が報じられています。これらについては、資料のほとんどない現段階で評価を決定することはできません。現状では、長江の中流域で出現し展開したものが、長江の中下流域に広く分布するようになったと考えておくのがよいように思います。いずれにせよ、現在の東アジアの広い地域に行われている稲作農耕の起源地は、長江の流域にあったことは確実です。

稲が栽培種かどうかは別にして、その稲の加工調理に必須の土器の様相をみると、その前にいくつかの段階の土器の製作段階があったことを推測させます。彭頭山文化から皀市下層文化･大渓文化に至るこの地域の土器の展開をみると、土器の製作技術･手法はかなりの完成をみせています。これはこの種の土器の伝統が、かなり長期にわたって継続した上で彭頭山文化に至り、さらにそれがさらなる展開をして皀市下層文化・大渓文化に至ったことを示しているように思われます。先にも述べたように、彭頭山文化と玉蟾岩遺跡に代表される遺物群の間を埋めるものの発見が待たれます。

7　第一次の拡散

皀市下層文化段階で本格的な農耕文化になった稲作は、湖沼の点在する湿地という環境を自らのものにし、そこで暮らすシステムを完成させます。こうしたシステムをもって類似の環境の中に広く拡散していきます。気候の項でも触れたように、現在の中国各地の降水量は長江の北と南で大きな違いをみせています。長江の南では稲作に適した十分な降水量があるのに対し、長江の北の降水量は稲作には不十分な量です。この当時の降水量がどのくらいあり、それが地域的にどうであったのかについては資料がほとんどありませんが、降水のパターンは現在と類似したものであったろうと推測することができると思います。また、ほぼ7000年前を若干遡るころでしょうから、気候適期に向けて現在よりも若干湿潤で温暖な気候であったことも考えられますが、それはそれほど大きなものではなかったとも考えられます。

長江の北の淮河流域にある賈湖遺跡からは、初期稲作に特有の耕起具と稲籾が出土しています。ここで稲作が行われていたことは確実かと思われます。ところが、そのほかの遺物は、そのほぼすべてが長江の北の華北平原に分布が広がる、粟と黍の農耕が主体の裴李崗文化のもので占められています。これをどのように考えたらよいのでしょうか。裴李崗文化の暮らしの中に稲作農耕が導入されたと考えるのがよいのだと思いますが、そこでは粟と黍の農耕が稲作に替わるのではなく、両者がともに行われた様相を呈しているように思います。彭頭山文化や皀市下層文化のようなコメを粒のままにて食べるための道具である「釜」はありません。賈湖の土器は、基本的には裴李崗文化の土器です。華北平原の初期農耕遺跡によくみられる磨盤・磨棒と呼ばれる特殊な製粉具も、ここから出土しています。こうしたことからみると、裴李崗文化の中に稲作だけが導入されたあり方です。しかも従来の暮らし方はほとんど何も変わらずにあるという様相です。ほかの裴李崗文化の遺跡の中にこうした事例があるかといえば、ほとんどそれはありません。賈湖遺跡がきわめて特殊なのです。

ここで付け加えておかなければならないことがあります。賈湖遺跡の周囲にはかなり大きな沼があり、その周辺には湿地が広がっています。現在でも遺跡の周辺では水田稲作が行われています。こうした特殊な環境の土地が稲作の導入を可能にしたのでしょう。降水量では、稲作の可能性は少ないのですが、平原の中に沼があることで周囲に湿地ができる、それを利用した稲作ということになるのでしょう。きわめて特殊な自然条件が生んだ拡散でしょう。

このような特殊な例を除きますと、稲作の第一次の拡散は、基本的には長江の南になります。降水量も豊富であり、気温も起源地と同じように夏には高温になる、その気候の条件が類似していることで、そこにしっかりと定着します。これは、稲作のその後の展開でたいへんに重要な拡散です。それは長江の下流域、杭州湾沿岸地域への拡散だからです。これが現在の東アジア地域の稲作の展開の原点になります。

これには若干の異論があるかもしれません。前にもちょっと触れたことがありますが、彭頭山文化とほぼ同じような時期に長江の下流域でも稲作があり、それには古い時期の土器が一緒に出ているということが報じられています。詳細は不明ですが、もしこれが事実だとすると、洞庭湖の周辺からの拡散ではなく、長江の下流域独自の展開で安定した稲作農耕文化が確立したということもあるのかもしれません。今後の調査と研究の進展を待つことにしたいと思います。

いずれにしても、この長江の下流域である杭州湾沿岸に稲作がしっかりと定着したことが、その後の東アジアの稲作の展開には大きな意味をもちます。ここを基点として北の山東半島に向けて、また南に広州や香港などの華南に、稲作は広く展開することになるのです。さらに、これらから次の拡散がなされます。そして3000年前ころまでには、現在の状況に近い様相が各地に定着します。

8　杭州湾周辺の遺跡

東アジア初期稲作農耕の考古学的研究のきっかけになったのは、1970年代の河姆渡遺跡の調査です。その当時、さまざまな分野で稲作の起源をめぐって種々の議論がされていました。稲作の起源を単一のものと考える傾向が強く、東アジアの稲作も南アジアの稲作も一つの起源からと考えることが多かったので、諸説が入り乱れることになったのだと思われます。そのころに渡部忠世氏による「雲南・アッサム稲作起源説」が出され、その方法論の斬新なことおよび雲南・アッサムが、東アジアの稲作地帯の大河にとっても、また南アジアの稲作地帯の大河にとっても、ともにその源流にあたることから、諸方面の賛同を得るようになっていました。この説の難点は、雲南・アッサムには古い時期の稲作の考古学的な証拠がほとんどないことでした。また、中国の早期新石器文化についての情報もまだほとんどない時期でした。

そこに、多くの有機質遺物を含む豊富な遺物群が、河姆渡遺跡から出土したことが報告されました。これはかなり衝撃的な成果でした。ただ単に自然科学的に出された年代だけでなく、それまでの長江の下流域で最古とされていた新石器文化の層の下からそれまでには知られていなかった豊富な土器を含む多くの遺物と住居の址かとされる柱の列が多数みつかったのです。その中には、稲の籾もかなりの量がみられます。そのほか多数の動植物遺存体がみられます。その年代は7000年ほど前とされました。

ほぼ似たころ、中国の北部のかなり広い範囲でも、それまでに知られていたもっとも古い新石器文化よりも一段階古い新石器文化が発見されるようになりました。それまでとは異なる様相をした新しい新石器文化が姿を現したのです。粟や黍の農耕もより古い段階があることが明らかにされました。中国の農耕の起源が長江の南でも北でも大幅に遡ったのです。農耕をめぐる世界の様相にも大きな変化が訪れました。それまでの西アジアを中心にして考えられていた仮説に大きな見直しを迫る事態です。

それまでにいろいろな分野で考えられていたことが少しずつ変わりはじめました。年代のかなり確かな、それまでに推測されていた年代を大幅に上回る年代の稲作の考古学的な証拠が出現したのです。その後も従来の考え方との接点を探る動きも続きました。この仮説の一つの難点であったのは、この地域には稲の野生種がないということでした。前にみたように、これも中国の研究者の研究で、現在この地域には野生種はないが、漢代の文献にはその存在が記録されていることが明らかにされました。一つの大きな難問が解決されたのです。このような事態を受け、次第に考古学以外の分野の研究者もこうした視点で調査と研究をするようになり、稲作の複数起源が唱えられるようになって、その一つの起源地が長江流域にあることが多くの人に認められるようになりました。そうした中で、長江の中流域でより古い段階の彭頭山文化の存在が明らかになり、稲作の起源がさらに遡ることが判明したのです。稲作をめぐってはまだまだ多くの問題が未解決です。というよりも本格的な研究はようやく開始されたところといってよいでしょう。今後の研究に期待するところが大です。

現在では、杭州湾沿岸地域の多くの遺跡で初期稲作の展開の具体的な有様が確認されています。1970年代に調査された遺跡だけでなく、多くの新しい遺跡が調査されており、そこでは次々に新しい様子が明らかになっています。現在、鋭意調査中でその成果の発表が待たれている遺跡もあります。自然科学を含む多くの分野の研究者が共同調査をして、多くの角度から成果をあげようと努めています。

多くの遺跡の立地は、洞庭湖周辺の遺跡とは若干異なり、丘陵と現在は水田になっている湿原との接点にあります。中には、湿原の中の微高地という洞庭湖周辺の遺跡と同じような位置にあるものもあります。丘陵と湿原の接点といっても、遺跡周辺には現在水田になっている広い湿原が広がっています。湿原の中には多くの湖沼が点在し、その中を河川や水路がゆったりとした流れをみせています。稲作と魚の漁労で生活をするには最適の位置です。河姆渡遺跡からは、多くの動植物遺存体が発見されています。鹿などの陸獣、種々の河川に住む動物それに魚、稲の籾、稲藁など多様なものです。現在でも、すぐ側の川には魚やエビ用の生簀が多数みられます（写真3）。

低湿地なので有機質の遺りもよく、遺物だけでなく多くの柱が出ています（写真4）。これをこの遺跡では長さの長い床張りの家として復元し、多数の復元家屋が公開されています。その内外には人形を配し、生活の様子も克明に復元されています。

多量に出土した土器にも多種多様なものがあります。もっとも注目すべきものは、材質こそ違いますが、つい近年まで日本でも使われていた釜と同じ形をした土器があることです。丸い底でやや扁平な胴部があり、そこから口がややすぼまり立ち上がる、胴には胴部から張り出す鍔がつくという形です（写真5左）。穀物の煮炊きには最適の形が、このときに出現したといってもよいでしょう。穀物の炊飯という点で見逃せないのは、もち運ぶことのできる竈もあることです。彭頭山文化にあるような土製の支脚もあります（写真5左）。このほかにもさまざまな器形の土器がみられます。土器の役割が多方面に大きく広がったのでしょう。稲の絵や豚の絵のついた土器もあります。骨鏃と考えられているものも出ています（写真5右上）。

写真3　河姆渡遺跡（浙江省）の側を流れる姚江（魚やエビの生簀）

写真4　河姆渡遺跡（浙江省）の柱列

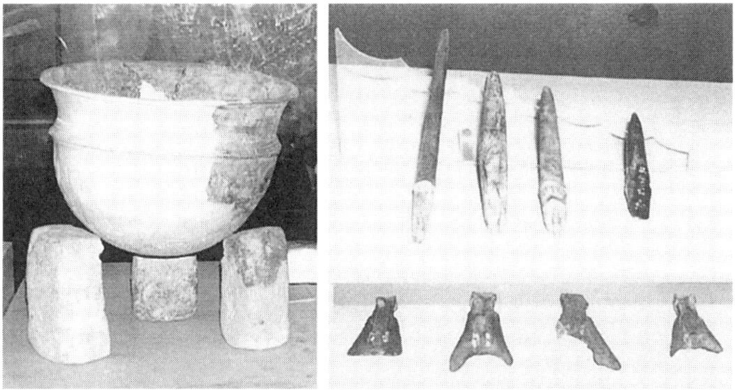

写真5　河姆渡遺跡の遺物（左:釜形土器と支脚、右上:骨鎌、右下:骨鋤）

完成された稲作農耕社会が波及してきたことを示しています。耕作用の骨製の鋤も出土しています（写真5右下）。確実に耕起がなされ、農耕が定着した姿です。豊富な漁労具もあります。魚以外の動物の骨も相当量ありますが、魚が中心であったものと思います。ブタも家畜化されていたのは確かでしょう。稲作を主にして各種の生業を営む生活の様相が垣間みえます。稲作を中心にした安定した農耕社会が出現したことが明らかです。

長江の下流域・杭州湾沿岸地域を核にして5000～6000年前に、北に南に第二次の拡散がなされます。さらに、そこを基点として第三次の拡散が続きます。ほぼ3000年前ころまでには、現在稲作が行われている日本列島を含む東アジアの広い範囲に拡散します。

南アジアを起源にする稲作は、長江の中流域を起源にする稲作とは別個にはじまったことはほぼ確実と思われます。しかし、その詳細はまだ明確ではありません。南アジアを基点にして東南アジアの大陸部の西側の地域、東南アジア島嶼部にも広がっているのは確かですが、その詳細について述べるだけの資料はまだありません。

9　稲作農耕の起源と展開

稲作農耕の起源と展開については、麦作農耕の起源と展開とは別の視点で考えることが重要と思われます。麦作農耕とヤギとヒツジの牧畜を基礎に考えられ、提唱された農耕と牧畜の起源と展開についての仮説は、草原が卓越する環境の中で草原に由来する植物と動物を訓育したことにもとづき提出されているものです。一般化できる部分もあるかもしれませんが、それは西アジアにおける特有の条件を多く含んでいるものです。稲作農耕は、森林の中の湿地にあった植物を栽培することによって成立した農耕です。それ自体の中で農耕の成立と展開を考えていくことが重要です。

一つの例をあげますと、彭頭山文化の稲が栽培種か野生種かが一つの議論になっていますが、栽培種であることが確定すれば、それはそれなりの意味があります。しかし、その点にあまりにも拘泥することには意味があるとは思えません。現在推測される稲作の成立過程を考えるならば、稲の農耕化は野生種のあった環境の中で徐々に進行したことが考えられるからです。

野生種の稲の生育する沼沢地と低湿地の混在する中にある微高地に定住した彭頭山文化の人々は、野生種の稲を採集することから徐々に栽培化を進行させたのではないでしょうか。彭頭山文化の遺跡の分布がきわめて限定されているのは、それが野生種の稲が繁茂している地点の近くであったことを示しているのではないでしょうか。前に何らかの自然生態系的な条件で規定されていたのではないかと想定していますが、その条件にはこのようなことが考えられるのではないでしょうか。彭頭山文化の中で栽培化が徐々に進行し、皀市下層文化のときには農耕化が完成し、野生種の稲が必ずしも多数なかった類似した条件の湿地の中に広く展開するようになった、というような過程を経たのではないでしょうか。人々が種を蒔くという手助けをすることによって稲の生育する範囲を広げ、それにより類似の条件をもつ土地に広く稲作が広がったということが考えられます。

このような段階にあった稲作に、周辺の湿地にある湖沼や河川にある魚の漁労と湿地周辺に生息する鹿の狩猟を組み合わせて暮らしていたのではないでしょうか。さらに、それに各種の植物の採集を組み合わせた幅広い生業を営んでいたものと考えられます。

こうした採集から農耕への過程は、旧石器時代から既に徐々に進行していて、彭頭山文化のときには完成に近づいていたことも考えられます。旧石器時代から農耕が完成する皀市下層文化の段階に至るまで、さらにはその後に続く歴史時代に至るまで、遺跡は湿地の中に位置しています。この間、生業を行う主要な場所は終始湿地にあったとみることができるでしょう。これが東アジアの稲の農耕化の特徴といえます。このような視点で調査と研究を継続することが、稲作の起源と展開を究明することにつながるものと思います。さらに、人々の歴史にとって最重要の事柄の一つである農耕の成立の問題を、一般化した形で議論できる基礎を生み出すことになると考えます。

第3章　ごはんの広がり

1　第二次の拡散

洞庭湖周辺から第一次の拡散によってか、あるいは洞庭湖周辺とは別に長江の下流域でも独自の稲作の成立によってかは今後の課題として残すことにしますが、遅くとも7000年前までには、稲作は長江の中下流域に定着します。そのようにして長江の中下流域に根づいた稲作農耕は、徐々に周辺の比較的雨量が多く湖沼の点在する広い湿地が広がる類似の環境の地域に波及していきます。第二次の拡散です。北にはやや雨量の多い海沿いに少しずつ範囲を広げていきます。それも湿地が周辺に広くあるような環境の中に遺跡を遺しています。このゆっくりした拡散は、6000年前頃には山東半島の海岸部に達したものと思います。これを第二次の拡散と考えることができるでしょう。しかし、資料が少なく、まだわからないことが多くあります。

長江の中下流域までは、湖沼の点在する広大な湿原で展開してきた稲作は、しばらくの間は同じような湿原を中心に拡大していくのですが、山東半島からこの後の時期にはじまる朝鮮半島へ広がるときに大きな転機を迎えているようです。それが山東半島の中で起きたのか、朝鮮半島にわたってから起きたのかはまだわからないのですが、広い湿原ではないところで稲作が行われるように変化します。小さな盆地状の斜面、小さな川沿いのいわゆる谷水田などのような、小規模な地形に合わせた形でかなりの高低差をもった水田が作られるように変わります。平面的に展開していた水田が垂直方向にも展開しはじめたのです。また、こうした動きに連動して、湿田が中心であった稲作が、今日でいう乾田に近い形で営まれることのある稲作に転換していきます。これは稲作にとって大きな変化ということができましょう。

このようなことがどのような経過をとって起きたのか、それがどこで生じたのかなどの疑問を解決するだけの資料はありません。今後の調査研究を待たなければならないのですが、一言に稲作といっても、それぞれの土地の種々の自然生態的な条件と人の側における文化的な伝統によって、多様な変化が生じうることを考える必要があるでしょう。山東半島から朝鮮半島へ、さらに朝鮮半島から日本列島へと展開していきます。3000年前か、それよりも若干新しい時期に、今日とほぼ同じような地域で稲作が継続して行われるようになるのです。山東半島からの第三次の拡散です（図3）。

南には、北に向かうものにはやや遅れ、長江下流域を中心にして稲作を主要な生業として成立する良渚文化の諸要素とともに、広州や香港のある珠江流域へと拡散します。華南への拡散です。これを南への第二次の拡散とすることができましょう。およそ5000年前のことです。北への拡散の資料も乏しいのですが、南への拡散の資料はもっと不足しています。多くのことが謎に包まれたままです。

華南からヴェトナムなどの東南アジア大陸部へまず広がり、さらにそこから東南アジア島嶼部へと拡散したものと思います。華南から東南アジア方面への拡散を第三次の拡散とすることができるでしょう（図3）。およそ3000年前には、東南アジアの大陸部に到達していたと考えられます。東南アジアには、海岸部を中心にして新しい時期に南アジア起源の稲作が入ってくるものと思われます。その詳細はまだ不明ですが、東南アジアの稲作は、東アジア起源の稲作と南アジア起源の稲作とが入れ替

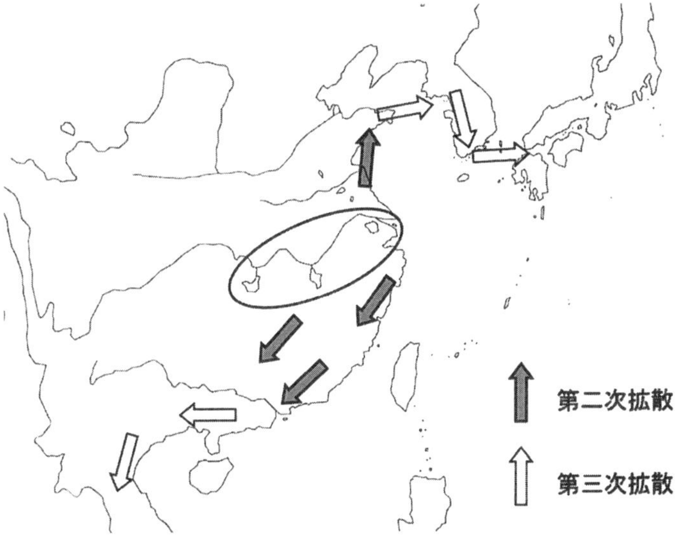

図3　稲作の第二次・第三次の拡散

わったと考えるのがよいように思えます。今後の資料の増加が待たれます。

このような形で、今日の稲作の展開の枠組みを考えることができます。稲作で作られたコメはそのはじめから現在にいたる約9000年間、終始「粒のまま煮て食べる」、つまり「ごはん」もしくは「おかゆ」として食べ続けられてきたものと考えることができます。今でも世界のほぼ半分の人々にごはんもしくはおかゆとして食べられ、その人々の暮らしを支えているのです。

2　北への拡散

長江の下流域に定着した稲作は、主としてその南岸にあったのですが、徐々に長江の北に広がる湖沼地帯に範囲を拡大するようになります。ちょうど現在よりも湿潤で温暖な気候が世界中を支配していた気候適期の最中にもあたっていたことが、この北への拡散を容易にするということもあったでしょう。安徽省の竜虬荘遺跡は北への拡散の一つの典型的な例ということができるでしょう。竜虬荘遺跡は、周辺に湖沼が点在する広い湿地の中にある遺跡です。稲籾が多量に出土しています。ほかに、池や沼に生える菱の実などもあります。典型的な湿地に適応した暮らしをしていたものと考えられます。

土器は、長江の下流域のものとは違いをみせています。6500年前ころから山東半島を中心に展開している大汶口文化の土器と関係が深いと考えられる土器です。大汶口文化は山東半島の後李文化や北辛文化の後を受け、粟と黍の農耕を山東半島を中心にして定着させていた文化です。長江中下流域の稲作文化にみられるコメを煮炊きするのに使われたと思われる「釜」は見当たりません。それとは別の形の土器でコメなどを煮ていたものと考えられます。支脚と土器が一体化した、三足のついた土器が大汶口文化にはよくみられますが、その中の丸底で、「釜」よりも扁平な胴部をした三足の土器が使われていたのではないでしょうか。稲作は伝わったが、長江の中下流域のそのままの形ではなく、その地域にあった伝統の上に稲作が行われるという形です。

やや話が変わりますが、黄河や淮河の流域あるいは山東半島の周辺などの華北平原周辺では、7500年ほど前の粟と黍の農耕をしていた早期新石器文化には、磨盤・磨棒という製粉具がありました。ところが、6500年ほど前からの大汶口文化などの中期新石器文化になると、製粉具はこの地域からはほとんどみられなくなります。製粉具は、中国東北部や朝鮮半島あるいはロシアの沿海州などの粟と黍の農耕の周辺部では、その後も作られ使い続けられます。

粟と黍の農耕の中核地では、製粉具に替わり、やや口のすぼまる穀物の煮炊きに適した形の土器がみられるようになります。そうした土器には三足のつくものがあります。三足のついた土器は、その下で火を燃して煮炊きするのに好適なものです。土器の本体には種々のものがありますが、三足のつく土器は、早期新石器時代からこの地域に伝統的なものです。この後にもいろいろな展開をして多様な形を生み出し、歴史時代になってもこの地域に特徴的な土器として使い続けられます。

製粉具がなくなり、それに替わって穀物の煮炊きに適した形の土器が現れるということは、穀物の調理法に大きな変化が起きたのではないでしょうか。早期新石器文化では、粟や黍を製粉具で粉にしてから煮て食べていたものが、中期新石器文化では、それらを粒のまま食べるようになったことを示しているように考えています。粉食から粒食への転換です。この背景には、長江中下流域の稲作の影響があったのではないかとも考えています。しかし、「釜」そのものを、竜虬荘遺跡をはじめとするこの地域の遺跡で明確に捕らえることが困難です。その間には、複雑なあり方がその背後にあったのでしょう。

このような複雑な背景をもちながら、稲作はその適地を伝ってまず北に、温暖で湿潤な気候適期の気候のもと、比較的雨量の多い海沿いに徐々に広がり、ほぼ6000年前ころには山東半島付近に達したものと思われます。その余波が、この時期に日本列島にも達した可能性があります。しかし、日本列島では稲作は定着しないで、縄文文化の生業を大きく変えることはありませんでした。日本列島に広く稲作が定着するのは、3000年以上も経ってからになります。

山東半島周辺では、稲作は大きく変容したのではないかと考えられます。その状況は明らかではありませんが、長江流域の稲作は、湖沼の点在する広い湿地ではじまり成長したものです。長江の北側に展開して定着した稲作も、基本的には広い湿地を伝って拡散したものです。ところが山東半島は、丘陵が各地にある小規模な地理的な単元が連なる地形をしています。ここに定着するには、その地形に適応する必要があります。それまでの農法では適応しきれなかったものと思われます。山東半島で稲作が変化したのか、山東半島から拡散したと考えられる朝鮮半島で変容したのかはまだ明らかではありませんが、朝鮮半島では丘陵や台地の多い小規模な地形のところで、稲作は行われています。広大な湿地の湿田ではじまった稲作が、丘陵や台地の多い小規模な地形の畑をも含む乾田状のところで行われるようになる、これは稲作の展開の上でたいへんに大きな転換です。朝鮮半島への拡散が、稲作が山東半島に伝わってからしばらくの時間をおいてから起きるのも、こうした新しい事態への適応が背景にあったのかもしれません。今後の調査と研究に期待することにします。

3　朝鮮半島へ

稲作の朝鮮半島への拡散は、まだ多くの謎に包まれていて明確なことはほとんどありません。朝鮮半島の稲作の故郷がどこなのか、どのようにして朝鮮半島に達したのか、どのような形で定着していくのかなど多くの問題があります。現在わかっていることは、遅くとも3000年前をやや遡るころには朝鮮半島に達していただろう、その故郷は山東半島であろう、朝鮮半島には稲作以前に粟と黍の畑作農耕がかなりの程度定着していて、そうした中に稲作が拡散したであろうということぐらいです。

朝鮮半島では、現在の気候は南北でかなりの違いがあります。稲作の故郷と類似した気候であり、そこと同様の照葉樹林がみられるのは、その南部、そこでも南端近くに限られます。温暖で湿潤な気候適期でもその傾向はあったと思われます。そこに稲作が拡散したと考えられる3000年前を若干遡るころは、気候適期も終わり現在と同様な気候条件になっていたことと推測されます。現在でも稲作が行われているのは朝鮮半島の南半に限られ、畑作と水田稲作がともに行われ、水田稲作の比率が高いのは南端近くだけという状況です。降雨量の問題、降雨の季節が水田に水のほしい時期よりもやや遅れる地域が多いという問題、気温の上昇の問題、先にも少し触れた地形の問題、長江流域とはやや異なる条件のもとでの稲作の拡散ということになります。

朝鮮半島には、ほぼ5000年前頃から華北に起源のある粟や黍の農耕が次第に定着するようになります。土器は有文土器とか櫛目文土器とか呼ばれる中国東北部やロシア沿海州南部と関連するものが中心です。この畑作農耕も徐々に展開したようで、一挙に農耕社会になるものでも必ずしもなかったようです。しかし、次第に半島のほぼ全域に定着したようです。稲作が朝鮮半島に拡散するのは、このような状況にあるときです。これも徐々に進行したものと考えられています。南部では既にかなり定着していた畑作農耕が、次第に稲作農耕に切り替わっていくという形でしょう。

朝鮮半島の稲作の故郷と考えられる山東半島から、どのような経路をとって朝鮮半島に到達したのかについても議論があります。山東半島から渤海湾沿岸を通り、遼東半島を経由して北から朝鮮半島に陸路到達したとする考え方もあります。これは粟や黍の畑作農耕の拡大経路と推測されているものに近いものです。もう一つは山東半島から黄海を横切り、直接海路を通って朝鮮半島西南部に達したとするものです。朝鮮半島初期の稲作遺跡のあり方から考えると後者の蓋然性が高いと考えられますが、漠然とした仮説で確定的な証拠は何もありません。今後の調査と研究に期待することにします。稲作の形態の変化ということもありますので、たいへん重要な問題です。

稲作の受容期の朝鮮半島では、それまでの有文土器もしくは櫛目文土器に替わり、無文土器と呼ばれる土器が使われるようになります。稲作の導入と直接関係するものではないのでしょうが、ほとんど文様のない無文土器になります。これとほぼ時期を同じくして、農耕が主要な暮らしになる農耕社会に入ったとされています。稲作の有無に関係なく、それまでの農耕が暮らしの一部であったものが、半島全域で農耕社会になったと考えられています。半島の南端では稲作の比率が高く、北になるにつれ稲作の比率が低くなり、北部では全面的に粟や黍などの畑作になるという形です。

無文土器は膨らみをもった長胴で平底の甕形土器と壷形土器が中心です。これらに高杯や鉢形土器が組み合うものです。地域的にも時期的にも多くの違いがありますが、形の上では、ここにあげたものが組み合って構成されています。稲作の比率の高い地域もそれのない地域も組合わせは似たようなものです。ここには、長江流域にみられた「釜」も、華北平原を巡る地域の特徴である三足の土器も見当たりません。独自の地域の伝統がもとになる土器の様相でしょう。コメは粒のまま独自の土器で煮て食べられていたものと思われますが、無文土器時代の前半には、華北に由来すると考えられる磨り臼が有文土器時代から続いて用いられているので、製粉されていた可能性も捨て切れません。後半になると磨り臼は朝鮮半島の全域からみられなくなるようなので、粒食になるのかもしれません。このあたりのことは、資料がないので今後の研究を待つしかないでしょう。

無文土器の時期に、農耕の進展に伴うと考えられる磨製石器のセットが現れます。穀物の穂摘み用の石包丁と木の伐採・加工用の数種類の石斧です。半島の北でも南でも同様のセットがみられます。朝鮮半島独自の磨製石器のセットです。鉄器が普及するようになるまで、この磨製石器の組合わせは作り使い続けられます。この磨製石器のセットは、弥生文化の時期に日本列島でもみられます。松菊里型住居と呼ばれる特徴的な形の住居、青銅器の器種や形などとともに、弥生文化の種々の要素が朝鮮半島南部に由来するものであることを示す具体的な証拠です。

無文土器の時期は、朝鮮半島では青銅器時代と呼ばれています。青銅器が主として墓の副葬品として発見されています。中国東北部の遼東半島などに起源がある北方系青銅器と呼ばれる青銅器です。銅剣や銅矛などの武器が主だったものです。それと多鈕鏡と呼ばれる鏡です。多鈕鏡というのは、鏡の裏面に紐を通す鈕と呼ばれる部分がありますが、多くの鏡はそれが一つであるのに対し、この鏡には多くのもので二つ、中には三つの鈕のものもあるというように、複数の鈕がある鏡です。鏡の裏の幾何学文が粗い多鈕粗文鏡と細かな多鈕細文鏡があります。また、青銅製のほとんどの鏡が凸面鏡であるのに対し、この鏡は凹面鏡であることも特徴です。青銅製の多鈕鏡と銅剣などの武器類が副葬された墓が、北はロシア沿海州南部のウラジオストク付近から朝鮮半島を経て、日本列島の九州北部で発見されています。

集落を濠で囲んだ防御的な集落といわれる環濠集落も無文土器の時期に確認されています（図4）。日本列島でも、弥生時代には広い範囲に集落を濠で囲む環濠集落がみられます。その原型になるものでしょう。水田の跡や畑の跡もみられます。それらについて総合的に考える段階にはまだきていません。

稲作の朝鮮半島への拡散をみてきました。多くのことがわかっていませんが、単に拡散といっても、そこには異なった自然環境への適応、異なった文化伝統下での変容とその土地の自然と文化伝統による稲作自体の変化が種々の面でみられました。稲作自体が変化して新しい自然と伝統の中に定着していった姿をみることができるように思います。朝鮮半島を出発点として日本列島に稲作はやってくるのです。これについては次の章でみることにします。

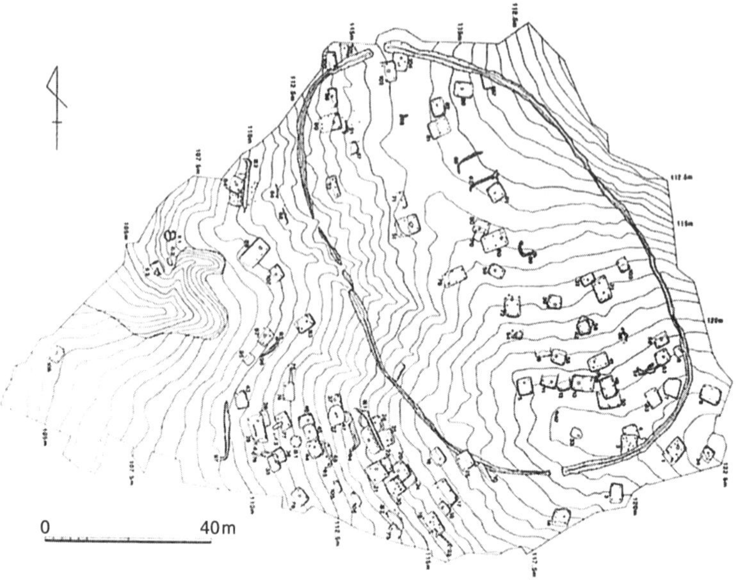

図 4　韓国の環濠集落（慶尚南道、検丹里遺跡）

4　南への拡散

5000年ほど前、長江の下流域にその地の初期稲作農耕をもとにして良渚文化と呼ばれる文化が現れます。晩期新石器文化の一つです。良渚文化はたいへんに精巧な作りの、豊富な玉器をもつ文化として知られています。その背景には、安定した水田稲作農耕があったものと考えられます。それを基盤として階層差のある社会を実現していたのでしょう。

平原の中に人工的な高まりを作り、そこに多くの墓を構築しています。そこに納められているのは、何らかの意味で選ばれた人々であると考えられます。一般の人とは異なる身分の人の墓と思われます。墓は木の棺を土の中に掘った穴に入れているものです。墓には土器や玉製品が多数入れられているものもあります。あまりそうしたものが多くはない墓もあります。墓に納められている玉器などの副葬品にみられる量と質の較差、墓の作り方などからみて、富や権力などで人々の間に大きな違いが出現しているものと推測することができます。また、こうした墓に入ることのできない、より多くの人がいたことも確かです。社会に支配する者とされる者の違いが明らかになります。この良渚文化の広がりは特徴のある玉器によって確認することができます。

ほぼ同じころ、長江の中流域には屈家嶺文化・石家河文化と呼ばれる文化が相次いで現れます。かなりの大きさの集落が登場していますし、それを囲む濠も明確な形でみられます。都市的な機能をもつ集落が現れたと考える研究者もいます。地域の拠点的な集落が巨大化した姿とみることも可能です。良渚文化と同様に、副葬品を多数もつ墓も作られています。やはり階層のある社会が誕生したとすることができるでしょう。

長江の中下流域では、安定した稲作農耕を背景にして大規模な防御施設のある都市的な機能のある集落、階層化した社会、日常生活には直接関わらない玉器のような奢侈品の開発などというような、文明社会の芽生えとみることのできる数々の事象が出現しています。とくに、玉器はたいへんに精巧な作りとなっていて、それに関わる専門工人の存在が推測できます。社会的な分業の存在もみえてきます。社会が文明化に向けて大きく動き出している様相をみせています。稲作を基盤として、社会がより大きく変革しつつあることを示しています。

同様のことは、華北でも粟や黍の農耕を基盤として、竜山文化と総称される晩期新石器文化が各地に現れ、さまざまな要素からやはり文明化直前の姿をみせています。4000～5000年前の中国では、それぞれの地域の安定した農耕を基礎にして、文明化に向けての種々の条件が中核地域の各所で着々と準備されていた様子をみてとることができます。

長江下流域の良渚文化にみられるような玉器は、華南の珠江流域の広州や香港付近でもみつかっています。しかし、その本質的な意味がどこまで伝わっていたかどうかについては疑問があります。うわべだけは類似したものになっている玉器がありますが、細部をみるとかなりの差異がみられ、その細工も粗いものが多く、玉器様のものを見よう見まねで作っていたと考える方がよいのではないでしょうか。玉器があるからといって、その地域の社会が長江流域と同様に文明直前の状況にあったとはとてもいえません。社会の成熟度には大きな差があったものと思われます。

南には、長江の下流域を中心にして栄えた良渚文化の諸要素とともに第二次の拡散をします。およそ5000年前よりも若干新しいころのことです。これがどのような道を通ったのかははっきりとしません。長江の下流域から海岸沿いに南に向かった可能性が高いと思われますが、中流域から珠江の上流域へ、さらに珠江沿いに南下したという可能性もあります。今後明らかにすることが求められる課題の一つです。

5　華南から東南アジアへ

広州や香港などのある珠江流域を中心にした華南は、現在でも野生の稲のみられる地域です。この地域の考古学調査は、中国の中核地域と比べると数も少なく、その情勢は明確ではありませんでした。近年になり少しずつ調査も増え、状況がつかめるようになってきました。前にみましたように、こうした考古学的な調査研究の遅れが稲作の起源を混沌とさせていた一つの理由になっていたかとも思います。

野生の稲の存在の意味を強く主張する研究者がこのことを重視し、稲作の長江流域起源をなかなか認めなかったのです。現在の状況からみると、華南には長江の流域に匹敵するような年代の稲作の存在を示唆するものはまったくありません。完新世になった後も、更新世の旧石器文化に類似した植物の採集に重点をおき、漁労と狩猟で補う生活が続いていたことが明らかにされてきています。道具も旧石器文化のものとほとんど変わらない礫器と剥片からなるものです。

5000年前よりもやや遅れて広州などのある珠江流域に、長江流域の良渚文化の拡散により稲作が出現します。香港にも、遅くとも4500年前ころまでには到達していたものと思われます。このころまでに、稲作はこの地域にしっかりと定着していたでしょう。良渚文化の玉器に類した玉器もみられます。一見すると、奢侈材あるいは威信材とも受け取ることのできる品物です。前にも述べたように、細かくみると良渚文化のそれとは質的に異なるといってもいいすぎではないくらい異なるといえます。本質的な意味を理解しないまま、似たものが作られています。この地域の社会が階層化するには、さらに1000年以上の歳月が必要になります。考古学の資料から社会について考えるときには、総合的な判断をすることが求められます。

華南の考古学的な情報はまだまだ少ないのが現在の状況です。今後の調査と研究の歴史を積み重ねていくことが必要です。どのような形で稲作が行われていたのか、稲作を行っていた社会はどのようなものだったのか、などという基本的な問題についてもまだまだわかっていないことばかりです。しかし、ここで述べてきた仮説の大枠は変わることはないと思います。

珠江流域を基礎にして、稲作はさらに南に第三次の拡散をします。東南アジアに向かってです。中国と境界を接しているヴェトナム北部には、遅くとも3000年前には拡散していたものと考えられます。ただ、この地域の考古学的な情報も乏しいので、細かなことはまったくわかりません。

東南アジアも華南と同様に、更新世が終っても旧石器文化的な道具を使う生活が長く続いていたものと考えることができます。基本的な道具は石器しか遺っていません。前期旧石器文化以来の礫器と剥片です。これらの道具は時期により若干変化したという考え方をする研究者もいますが、巨視的にみれば、手近の石材で間に合わせの道具を作る伝統が継続しています。ここでもあり合わせの道具で植物の採集をして、それに漁労と狩猟を補助的にする暮らしがずっと長い間続いていたものと考えることができます。調査や研究もあまりなされていないのが現状です。

完新世になってからも、道具類に大きな変化はありません。また、熱帯気候や亜熱帯気候が支配している地域ですから、更新世から完新世への気候上の変化もきわめて少なかったものと考えられます。自然環境にほとんど変化がないので、それまでの生活が維持され続けていたのでしょう。

年代もはっきりしないのですが、およそ6000年前ころに土器が作られるようになり、あるいはもう少し前の時期かもしれませんが、刃の部分だけ磨いた刃部磨製石斧も出現します。こうしたものが現れても、社会には大きな影響はなかったとみえ、多くの現象面で顕著な変化は認められません。

東南アジアの大陸部は、現在東南アジアの島嶼部からオセアニアの島々に広くみられる里芋の類縁種であるタロイモや長芋の類縁種であるヤムイモの農耕の故郷と考えられているところです。こうしたイモ類の農耕や栽培の考古学的証拠はほとんど得られません。穀物のように種子が稔るのであれば、種子である穀物が残る可能性はあります。ところが、種子ではなく、根茎が栽培の対象で、根茎もしくは茎を地上においておけばそれがまた育つというイモ類では、こうしたことはまったく期待できません。道具類もほとんどなくて、手さえあればそれらを採集することができます。また、焚き火があれば、何とか食用にすることのできる調理法もあります。根菜の栽培もしくは農耕を証拠立てる方法を考古学はほとんどもっていません。

こうした状況下に、ほぼ3000年前ころに東南アジアに稲作が拡散してくるのです。ほぼ同じころに全面を磨いた磨製石斧も出てくるようです。遺跡の規模も大きくなってきます。社会は大きく変るのだろうと思いますが、それを詳細に扱うだけの考古学の資料は残念ながら整備されてはいません。徐々に稲作は面的に広がる状況になります。大陸部から島嶼部に次第に広がりをもつようになり、イモ類栽培の後を追うようにして、東南アジア一帯に稲作農耕が定着していきます。

東南アジアに長江流域起源の稲作がまず定着したことは間違いがないのですが、現在の状況はやや複雑になります。これまでほとんど触れてこなかった南アジア起源の、おそらくガンジス川流域起源の、稲作が長江起源の稲作の上に覆い被さっているのが現在の状況かと思います。

ガンジス川流域起源の稲作についての詳しい情報はほとんどありません。1980年代初頭、ガンジス川の中流域で8000年前以上の古さの稲が栽培化されたという情報が駆け巡りました。そこでは野生種の稲が次第に栽培化された過程が追跡されたという話でした。やがて、その根拠になった年代の資料が疑問視され、一緒に出たとされる土器がずっと新しい年代のものである可能性が高いことも明らかになりました。また、栽培種と野生種の同定の問題も浮上しました。現在では、インド亜大陸の稲は、古いものでも4000～5000年前を大幅に遡るものではないことが多くの研究者に認められています。そこでどのような調理法が採られていたのか興味がありますが、そこに立ち入るだけの資料がないのは残念です。

年代は明らかではないのですが、おそらく1000年前以降に、ガンジス川流域が起源のものと考えることができるインド亜大陸が故郷である稲作が、東南アジアの広い範囲に広がったように考えられます。既にそこにあった長江起源の稲作の上に覆い被さる形で拡散したものと思います。長江起源の稲作が比較的小規模なものであり、それに適した地形を利用した稲作であったのが、ガンジス川起源の稲作は大河の下流域の広大な平原を利用する大規模なものであったと考えることができるようです。その詳細な様相は具体的な資料がないのでわかりませんが、東南アジアの南部と西部にガンジス川起源の稲作が定着したように思えます。

第4章　日本列島とごはん

1　日本列島へ、弥生文化の成立

日本列島には、3000年前かそれよりも若干新しくなるころ、朝鮮半島から稲作がやってきたものと考えることができます。最初期の稲作は、北部九州の一部の地域に限られるようです。近畿地方以西の日本列島西部の大部分で稲作が行われるようになるのは、2500年ほど前のことになるでしょう（図5）。これが日本列島の弥生文化の成立です。

弥生文化は、いわゆる日本文化（後で述べる「中の文化」）の基盤になった文化です。朝鮮半島に、さらにいえば中国の長江流域に起源のある水田稲作農耕を中核にして、日本列島に農耕文化を定着させ、以後の展開の基礎を作った文化ということができます。弥生文化をもとにして、その後に続く古墳文化、古代・中世・近世・近現代の日本文化が形作られます。弥生文化は、それ以前に日本列島の全域にあった縄文文化の伝統を若干受け継ぎますが、文化の中核になる要素は大陸からもたらされたものです。

縄文時代には、地域的に異なる様相もみられましたが、その中で縄文文化として一まとめに括ることのできる共通する様相がありました。ところが、弥生文化以降の日本列島には異なる文化が併存するようになります。それは、北海道に中心があり、終始川の漁労を暮らしの中核におく「北の文化」、東北南部から九州中部の本州・四国・九州にまたがる水田稲作農耕を生活の基盤にする「中の文化」、南島に中心のある、当

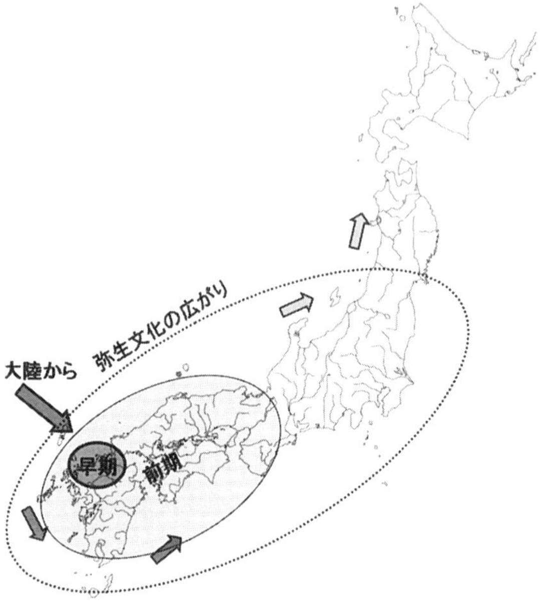

図５　弥生文化の展開

初は珊瑚礁内の漁労が中心で、やがて畑作農耕に移行する「南の文化」の三つの文化です。それぞれの文化の間には、そのどちらにも属さない、いわば「ボカシの地域」が存在していました。具体的にいえば、北のボカシの地域は東北北部から北海道の渡島半島で、南のボカシの地域は九州南部から薩南諸島です。それぞれは独自の文化と社会を保ち続けて、数百年から2000年近くもその独自性を維持し続けます。

「北の文化」は、いくつかの段階を経てアイヌ文化になります。北のボカシの地域は、古代には「蝦夷」の社会として知られ、近世初めに「中の文化」の社会に取り込まれます。「中の文化」の展開は、この章の中心課題です。南のボカシの地域は古代には「隼人」の社会と考えられ、古代の間に形の上では「中の文化」に入ります。「南の文化」はいくつかの段階を経て、独自の社会の展開の中で琉球王国を出現させます。この中で稲作を中心に展開をしたのは「中の文化」の社会です。ボカシの地域はどちらも最終的には稲作を中心におくことになりますが、はじめは別の形で暮らしていました。

水田稲作農耕で農耕社会になった「中の文化」ですが、日本列島でやはりはじめてのものが出現するのも弥生文化のときです。それは金属器です。人類の歴史の中で、金属器の出現は大きな歴史上の出来事とされ、通常は青銅器がまず現れ、しばらくしてから鉄器が現れるとされているのですが、これは金属器を自らの手で出現させた地域か、その周辺地域のことです。西アジアでは両者の出現の時期は2000年ほど違いますし、東アジアの中国でも1000年から1500年ほど違います。日本列島のように高度の文明化された地域が近くにあり、そこから完成された形で金属器が導入されたところでは、青銅器も鉄器もほぼ同時に現れます。縄文時代にはまったく金属器がなかったかといえば、必ずしもそうとはいい切れないのですが、それは本当に散発的なもので、まとまった形で金属器が使われたとはとてもいえない状況です。弥生時代になってはじめて金属器が出現したということができます。

2　弥生文化は大陸から

弥生文化は水田稲作農耕が中核になります。日本列島に稲の野生種がないことはまず確実なので、それがあった大陸から人々が水田稲作農耕をもってやってきたことも間違いのないところです。少なくとも数度、多ければ数十度も数百度もの移住が考えられます。なぜそのようなことが起きたのかについては議論もありますが、種々の考え方があり結論には達していません。日本列島への稲作到達の経路としては、古くからさまざまな議論がありました。その議論をまとめてみますと、およそ三つ

の経路が考えられてきました。それは以下のようなものです

①朝鮮半島経由　　　朝鮮半島の南西部から船で渡来
②長江流域から直接　長江の下流域から船で直接
③南島経由　　　　　中国南部から南島の島々を経由

種々の要素を勘案すると、弥生文化の成立に直接関与するのは朝鮮半島経由のものです。石器の形や種類、集落のあり方、住居の形、青銅器の種類や形、そのどれをとっても前期以前の弥生文化の様相は、朝鮮半島に類似のものを求めることができます。朝鮮半島南部の稲作が定着しているところから九州北部にやってきたと考えるのが、もっとも妥当と思われます（図 5）。朝鮮半島に山東半島から拡散したものが、あまり時をおかずに九州北部に来たという考え方もあるでしょうが、先にも触れたことのある石包丁や各種の磨製石斧の形態などを考えると、朝鮮半島で暫時あり、そこから改めて九州北部へというのが一番ありうる事態ではないかと思います。

2 番目の長江流域から直接というのは、縄文時代に稲作が日本列島に来ていたことは疑いようのない事実として捉える必要があると思うので、そのときにはこのような道も考えることができるでしょう。しかし、弥生文化成立のときに焦点を合わせた場合には、長江流域はすでに文明の段階に入っており、日本列島で成立した弥生文化とは社会の成熟度で大きな較差があり、とても受け入れることはできないと思います。

3 番目の南島経由ですが、これは経由したであろう島々に弥生文化成立の時期に匹敵する年代の農耕遺跡がまったくみられないことで、否定せざるをえません。その出発点にあたるであろう台湾にも、しかるべき遺跡はまだないようです。南島には、九州以北の日本列島にはみられない、東南アジア方面に類似の風習のある特殊な田拵えの伝統があります。これはもしかしたら、かなり遅い時期に南島経由の道があったことを示

唆するのかもしれません。しかし、それは九州には到達していないようです。

このようにみてきますと、提唱されている三つの道の中で、弥生文化の成立と深く関わるのは、唯一朝鮮半島からの道ということになります。到達点としては九州北部が最有力です。とくに、その古い段階では九州の北部をおいてほかにはないという状況ですが、近畿地方以西の瀬戸内地方に直接ということも十分にあった可能性があります。また、鹿児島県の南部、宮崎県の東部、高知県の南部の海岸地帯にも比較的古い弥生文化の遺跡があります。紀伊半島の西部にも同様の遺跡があります。そこでは朝鮮半島の無文土器の時代に特徴的な住居の跡が確認されています。九州北部にもそうした例はありますが、より東の地域ではきわめてまれな例です。こうしたことから到達点・経由点として、九州北部から瀬戸内海地域以外にも九州南部・四国南部経由、紀伊半島という道もあった可能性があると思います（図5）。今後の調査に期待したいところです。

3　弥生文化の区分と年代

弥生時代は通常、前期・中期・後期に3区分します。近年の九州北部の調査の展開で、前期の前に早期をおく考え方が提唱されていますが、早期は主として九州北部に限られるように思われます。他の地域には弥生文化として定着してはおらず、縄文文化がまだ続いていた時期ということができるでしょう。ただ、いずれの地域でも弥生文化は縄文文化に後続して現れます。

弥生時代の前期には、近畿地方以西の瀬戸内地方を中心にして広く日本列島の西部に定着した姿をみせています。それらの地域の自然環境に馴染み定着したものと思われます。発見されている集落は、濠で周囲を囲まれた環濠集落が主体になります。この時期には、関東地方などではごく特殊なあり方を除き、その姿はほとんど確認されていません。前期の間は、日本列島の西部と東部に大きな差が認められます。

弥生文化は、朝鮮半島から日本列島に拡散するのにも船を使ってきたのは確実です。列島内部の拡散も船を使用して海沿いになされたことと思います。とくに日本海に沿っての拡散には顕著なものがあります。中期までには、日本海沿いに本州の北端の津軽半島付近にまで達しています（図5）。ようやく中期に遺跡がみられるようになる関東地方への拡散よりも、早い時期に東北地方北部に達しているのです。そこで水田が発見されていますので、ただ単に何かの都合で土器だけが運ばれ、それが発見されたというのとはわけが違います。水田稲作農耕がそれ自体で津軽半島に達したことを示しています。では、弥生文化が日本海沿いには東北北部まで面的な広がりをみせているのかといえば、そうではありません。弥生文化の拡散は船を使って行われることが多かったと考えられるので、線もしくは点のような形で拡散をしたのではないかと思われます。ある地点で定着したところから船で海を越えて次の地点へ、そこからまた間を飛ばして次の地点へという形で進められたと考えられます。それぞれの定着した点から周辺に面的に拡散したのでしょう。このような形で、中期には東北南部から南の地域に定着したと考えることができます（図5）。後期には顕著な拡散はみられません。

年代は、2004年ころから大きく揺れはじめています。高精度な年代測定が可能とされる加速器質量分析（AMS）法と暦年較正年代を組み合わせた炭素14年代測定法を使い、歴史民俗博物館所属の研究者を中心とするグループが弥生土器に付着する炭化物などを資料にして、大量の弥生文化の年代資料を測定して、従来よりも500年ほど遡る弥生文化の年代を発表したのです。その年代をめぐり活発な議論が交わされています。

弥生時代の早期と前期にあたる時期の暦年較正年代の宿命的な問題点、土器の付着物につきまとう問題点、土器の製作時と使用時に関する問題などの疑問はまだ十分に解決できていないこともあり、その決着がつくのはまだ先のことと思います。

現在の状況から考えると、およそ以下のような年代が考えられます。細かな年代観は研究者によりかなりの開きがあります。弥生時代の終りの年代は古墳時代の開始との関連で、ほぼこのあたりになることは研究者間の共通理解に達しているところです。

早期　2800～2500年前　九州北部に限られるか
前期　2500～2300年前　近畿以西の西日本が中心
中期　2300～2000年前　東北南部以南の本州･四国･九州に広く定着
後期　2000～1750年前　各地に小規模なクニの成立

4　列島に広く拡大する農耕社会

朝鮮半島からの拡散でまず九州北部に出現した弥生文化は、2500年前ころまでには近畿地方以西の日本列島に広く面的に定着します（図 5）。農耕を暮らしの基礎にする農耕社会が広い範囲に成立したことを示しています。とはいっても、鹿などの狩猟や魚の漁労、その他の植物などの採集もかなりの規模で行われていました。

弥生土器は、縄文土器の伝統と朝鮮半島の無文土器の要素を織り交ぜて現れます。朝鮮半島の無文土器と同様に、中国にある調理具としての「釜」もなければ三足のつく土器もありません。甕と壷を主要な器種とする土器です。中国とも朝鮮半島とも違う独自の土器が日本列島には出現します。これらの土器を使い、コメは粒のまま煮て食べていたものと推測できます。

九州北部に定着したときから、集落は周囲を濠で囲む環濠集落が一般的でしたが、東への拡散も環濠集落を伴うものでした。日本列島の西部では大型の集落も現れ、それぞれの地域の中核になる拠点的な集落とされるものも現れます（写真 6）。その周辺には小型の集落がみられます。大型の集落の周りに中小規模の集落を配置する構造です。大型の集落には、金属器の鋳造などのさまざまな道具類の製作、祭祀・儀礼の執行といった地域の活動の基盤になる種々の機能が備わっていたことが、出土する遺物から明らかにされています。それぞれ、地域社会の拠点としての役割を果たしていたのでしょう。

このようにして徐々に拡散した弥生文化は、各地に農耕社会を広めながら面的な拡大を続け、2200年前ころまでに東北南部に達します。それよりも早い段階で日本海沿いに本州北端近くの津軽半島に水田とともに点として現れますが、これはその後長続きしないで、この地域は再び採集・漁労・狩猟の世界に返るようです。日本列島の東北南部以南の地域が農耕社会になったということができるでしょう。その背景には大規模で広範囲な人の動きがあったと思われます。まず稲作が定着していたところから、主に海路を船で出かけ新しい地点に稲作を広めます。そうした動きを次々に繰り返します。いわば、点を線でつなぐ拡散です。点で

写真 6　弥生文化の代表的環濠集落（佐賀県、吉野ヶ里遺跡）

広がった地点からそれぞれの地点の周囲に面的に拡散して行き、最終的に、面的に東北南部以南が農耕社会になるという過程で拡散したのでしょう。

広い範囲に弥生文化が拡大した結果、地域ごとにその地方色が顕著になります。また、種々の面における地域ごとの較差も生じます。一口に弥生文化といい、その特徴が語られますが、そこには多くの違いを内包するものになります。たとえば、各地にみられる弥生土器ですが、近畿以西のいち早く弥生文化が定着した地域のもの、東海地方を中心にしたもの、関東地方のもの、東北地方南部から北陸地方の東部のものには、かなりの違いが認められます。関東以北のものには、縄文がその装飾にふんだんに使われることが多いという特徴があります。装飾だけでなく、土器の機能と密接に関係する形でも、東北南部から北陸東部のものは他の地域のものとはかなりの違いをみせています。

弥生文化というと、後で触れますように金属器の使用がその文化の一つの特徴といわれていますが、東北地方ではほとんど金属器はみられないという事実もあります。弥生文化が早く定着した近畿以西の地域とそれ以外の地域とには、社会の成熟度には大きな差異があったものとみることができるでしょう。

2000年前以降の弥生時代後期になると、日本列島西部には安定した稲作農耕を基盤にして、小さなクニが多数生まれたものと考えられます。大型の拠点的な集落を中核にして、周辺の集落とともに一つの政治的・宗教的な纏りをもつようになったものと考えられます。差渡しが数㎞から20㎞くらいまでの平野とか盆地とかの一つの地理的な単元をもとにして成立したものが多いようです。具体的にいうと、その後の時期の郡程度の規模のクニということができるでしょう。これは、その後の時代にも引き継がれることになるものと思われます。拠点的な遺跡の周囲には、俗に王墓と呼ばれる大型の墓も設けられるようになり、支配する者の姿が具体的な形で示されます。

繰り返し述べているように、北海道と南島にはこの時期に稲作はみられません。縄文文化を受け継ぎ、弥生文化とは別の文化が続きます。「北の文化」と「南の文化」です。この後も「中の文化」とは長期にわたり別個の展開をしていきます。

5　金属器

弥生文化は、本格的に金属器を使用する日本列島初の文化です。金属器には青銅器と鉄器があります。青銅器と鉄器は、通常時期を異にして出現するとされていますが、日本列島のように周辺の高度に発達した地域からそれを移入するところでは、両者がほぼ同時に現れる事態もあります。日本列島もそうした地域の一つです。中国で開発された青銅器と鉄器が、開発された時期の違いに関係なくほぼ同時に姿を現すのです。

青銅の地金も鉄の地金も日本列島で精錬されたものではありません。青銅器の素材も鉄器の素材も大陸から移入したものです。その素材を使い、加工は日本列島の主としてその西部で行われていました。大型の拠点的な集落で地金を溶かして鋳造しており、拠点的な集落からは鋳造に使った鋳型や鉱滓が発見されています。

鉄器と青銅器は用途で大きな違いをもっていました。青銅器は、初期には実用的な武器に使われていましたが、次第に祭器や儀器に使われるようになり、威信材的な利用が中心になります。これに対し、鉄器は実用の道具に使われることが中心です。大陸に例のあるものもありますが、祭器や儀器は日本列島独自のものも作られます。完成品を大陸から移入することも行われていますが、日本列島独自のものの製作は大陸から入ってきたものを鋳直すことで行われたものと考えられます。

青銅器では、青銅鏡、銅剣や銅矛、銅鐸などが代表的なものです。日本列島では、祭祀や儀礼に使う鏡がことのほか珍重されたようです。墓にも大量に納められますし、祭祀や儀礼にあたっても重要な意味づけがあったようで、大陸から大量に移入されるとともに、列島内でも鋳造していたものと思われます。銅剣や銅矛は当初は実用にも使うことのできるものが作られていましたが、次第に巨大化するようになります。とても実用に供することはできない巨大なものが、時を経るにつれその数を増大させます。実用の武器から祭器・儀器としての武器への転換です。

日本列島特有の青銅器とされる銅鐸は、起源を辿れば大陸の小型のものに原型があります。しかし、それを異常なまでに発展させたのは日本列島の中のことになります。こちらは、当初は祭祀か儀礼のときに使う楽器であったのでしょう。高さが30㎝前後のもので、種々の文様で表面は飾られ、中には舌と呼ばれる金具があり、これが銅鐸にあたることで音を出す楽器でした。それが次第に大型になり舌も見当たらなくなり、高さは１ｍをはるかに超えるような巨大化したものになります。実用の楽器としてはとても使えないものになってしまいます。祭祀や儀礼にあたり、ただ並べておくだけのものになってしまいます。こちらは楽器から祭器・儀器への転換です。聞く銅鐸からみる銅鐸への転換とされています。

祭祀や儀礼に際して、銅剣・銅矛も銅鐸も巨大なものを人々にみせることで、それをもつ者の力をみせつける道具になってしまったのです。このように、青銅器は威信材の側面がたいへんに強いものです。また、青銅器の多くが集落から離れたところに埋納された形で発見されています。数百キロに及ぶ青銅器が埋納されたままみつかることもあります。これは日本列島の「中の文化」固有の風習と考えることができます。そのもつ意味は種々に考察されていますが、多くの人の共通理解にはなっていないものが多いようです。

銅剣・銅矛文化圏と銅鐸文化圏ということが従来いわれていましたが、ある時期をとれば、そうした言い方も可能かもしれませんが、銅鐸の鋳型が九州北部から出土したりすることもあり、以前にいわれていたほど整然と区別できるものではなくなっています。かなり複雑なあり方があり、それらの意味がいろいろと問われています。

一方、鉄器は終始実用の道具であり続けます。青銅器とはまったく異なる役割です。木工具・農工具が中心の実用の道具です。各種の鉄斧、鉄製の鍬先、鉄製の鋤先、鉄鎌などがあります。斧や鍬・鋤は木製の刃の先だけにつくものです。こうした鉄製の刃がつくことで、道具の効率が際立ったものになるのです。このほかに、鉄鏃・鉄刀・鉄剣などの武器もあります。墓の副葬品にも使われますが、実用の道具が主体です。

金属器の保有には、地域による較差が著しくみられます。近畿以西の列島の西部に豊富な金属器があります。その中でも北部九州が弥生時代を通して圧倒的な優位を誇っていました。祭器や儀器の青銅器においても、実用の鉄器においても北部九州の優位は揺るぎません。地理的に供給源に近いこと、社会的な成熟度も高いことなどがあり、日本列島の金属器を一手に引き受け移入していたものと考えられます。他の地域には北部九州によって供給されたもののようです。したがって、日本列島内のいろいろな権力も、北部九州が圧倒的に優位であったものと推測できます。金属器の保有は東になるにつれ少なくなります。関東地方まではまだ何とか金属器があるのですが、東北南部になるとほとんど金属器が出土しない状況になります。大きな較差がみられます。

このような状況は弥生時代を通してのものなのですが、その最終末に近い時期に逆転が生じます。それまで北部九州が保有していた圧倒的な優位が近畿地方に移るのです。その間には、戦乱をも含む大きな摩擦があったことが推測されます。こうしたことを反映してか、瀬戸内海沿岸地方を主にして、丘陵上に高地性集落と呼ばれる防御用と思われる集落も作られます。中国の史書に記録されている2世紀の倭国大乱と結びつけて考える研究者もいます。北部九州が握っていた大陸との交易権とでもいうものが、近畿の勢力によって奪い取られたと考えることができるでしょう。北部九州勢力と近畿・中国（吉備）連合勢力の争いを後者が制したとすることができると思います。これを期にして大陸との交易権は近畿に移動し、北部九州はその命のもとに働く立場になったのでしょう。金属器の素材の移入をめぐる熾烈な争いが、その背後にあったと思われます。この後の時代にずっと続く近畿の優勢は、このときに端を発するものです。

6　階層差のある社会

弥生文化は、朝鮮半島から完成された農耕社会として入ってきたのですが、当初は人々の間に身分上の大きな違いはなかったものと考えられます。前期の間にも、若干の身分差といえるものがないわけではありませんが、住居や墓などにみられる目立った較差はほとんど認められません。鏡をはじめとする豊富な副葬品のある墓と副葬品がほとんどない墓が同じ墓地内にあるというように、副葬品にかなりの差がある場合はもちろんあります。しかし、埋葬施設や墓の位置は、他の人々とまったく変らない例が多数です。一般の共同墓地の中に副葬品の多い墓とほとんどない墓とが共存しています。固定化した身分の違いがあったのかどうか明確ではありません。言い方を変えるならば、生まれながらにしてほかの人とは違う、ある身分をもった人がいたかどうかということです。中期になっても、類似の状況が続いていたものと思います。しかし、そこにはしだいに固定化された身分の違いが醸成されていたものと思われます。

後期になると、固定化された身分の違いが明確に現れます。とくに、社会がいち早く成熟していた列島の西部では、このことがはっきりしています。住居にも違いがみられるようになりますが、より明確に違いがみられるのは墓です。一般の集落の集団墓地とは離れた位置に、王墓と呼ばれる墳丘をもった個人のための墓が出現するようになります。これらは通常、墳丘墓と呼ばれています。古墳に匹敵するあるいはそれを凌駕することもある大きさの墳丘墓も現れます。終末期近くになると墳丘の長さが100mを超えるような巨大な墓も生まれます。それを古墳とは呼ばずに、弥生時代のものは墳丘墓としています。

後期のはじめには、まだその中に作られる埋葬施設は集団墓地にあるものと大きな違いはないようですが、後期半ば以降になると、水銀朱の使用、埋葬施設を設けるための大型の土坑の掘削、その中に納める埋葬用の大型の木棺の採用など、埋葬施設にも大きな違いが現れるようになります。墳丘についても、それぞれの地域ごとの特色が現れます。墳丘の上では大規模な墓前祭を執り行ったことを示す破損した大量の土器が出土します。また、中国地方には特殊器台、特殊壷と呼ばれる墳丘上に立てることが役割の特殊な土器も現れます。この後に続く古墳時代の埴輪の前身になるものです。古墳時代に大きく広がる風習の萌芽が、瀬戸内海沿岸地域の墳丘墓を中心にみられます。

水田稲作農耕が安定して行われるようになり、小規模なクニを単位にして各地に王墓が作られるようになったものと考えられます。固定化された身分の王は、自らのクニを管理し支配するとともに、祭祀や儀礼を執り行い、自らのクニの人々と神の間の仲立ちをする役割をもっていたと思われます。祭政一致の体制で国を治めていたのでしょう。王墓は、ただ単に亡くなった王を悼むためだけのものではありません。祭祀や儀礼を執り行い神との仲立ちをする王の力を、その亡き後も継続する意味を込めての造立でもあったでのしょう。クニの人々にとっても大きな意味をもった事業であったものと考えられます。

弥生時代後期の社会では、固定化した階級差がそれとはっきりとわかる形で出現しています。階級差のある複雑化した社会が、大陸から受容した稲作農耕文化を基盤にして成立したのです。縄文文化では、採集・漁労・狩猟を基礎にして定住をし、その後期や晩期の時期には階層差のある社会が実現していたものと考えられます。採集・漁労・狩猟を基礎にしてはそこまでが限度で、それ以上の展開は困難です。弥生文化では水田稲作農耕でその壁を打ち破り、より大きく展開することが可能な社会を生み出しました。水田稲作農耕を基盤にすることで、はじめて可能になった社会とすることができるでしょう。

7　大陸との交流

弥生文化は、それが成立したときにも大陸から人々が携えてきた要素が中心になっていました。その後も、多くのものを大陸に依存しながら展開をしていきます。私たちが目にしているもの以外にも、目ではみることのできないさまざまなことを大陸に学びつつ成長していきます。社会の仕組みもその中の一つです。当時の大陸はどのような状況だったのでしょうか。弥生時代の前期は、中国は戦国時代であったものと考えられます。社会が大きく動き、変わっていった時代です。変革の時代ともいえるでしょう。弥生時代の中期と後期には、中国にはそれまでの規模を質的に凌駕する、諸民族を合わせた大帝国の秦と漢がありました。西のローマ帝国と並んで、東西にそれまでの人々の歴史にはなかった大きな統一体が出現したのです。それは周囲にも大きな影響を与えています。

中国と日本列島の間にあり、大陸との交流にも多くの関与がみられる朝鮮半島の状況は複雑です。無文土器時代から原三国時代とされている時代で、小規模なクニがあり、それがより大きな集合体に向かっている時期ということができるでしょう。そうした中にあって、大陸と陸続きであることにより、中国の社会の変化が直接的に影響を及ぼします。2100年ほど前からの漢による楽浪郡の設置などは、この最たるものでしょう。楽浪郡はその後も種々のことがありながら存続します。楽浪郡の設置は、日本列島のクニの大陸との交流にも大きな影響を与えます。かなり長期にわたって、楽浪郡は日本列島の大陸との窓口であり続けます。

大陸との交流は、弥生時代の後になっても続きます。古墳時代を経て、古代の律令国家の成立に至る過程で大きな役割を果たしています。これを通して、具体的な眼にみえるものももちろん入ってくるのですが、土木技術や農耕技術のような直接に生産に関わるもののほか、文字をはじめとする国の機構に関する多くの知識などももたらされ、律令国家の成立に大きな役割を果たします。大陸との交流なしでは、律令国家の誕生はなかったものとすることができるでしょう。仏教もこうして入ってきたものです。中国や朝鮮でも、この間さまざまなことが起こります。国家の興亡もあります。そのようないろいろな社会情勢の変化を織り込みながら大陸との交流は続けられます。

弥生時代の終り近くに、大陸との交流権もしくは交渉権をめぐって、九州北部勢力と近畿・吉備連合勢力との間に熾烈な争いがあり、その結果、この争いに勝利した近畿地方の優位が確立し、それが「中の文化」の社会のそれ以降の展開に大きな影響があったことは前に述べました。ここにも示されているように、稲作農耕を基盤にして各地に誕生しつつあった小規模なクニにとっては、大陸との交流の道をもつことが、実務上のさまざまな実益にとっても、また他のクニへの権威づけという意味においても、たいへんに大きな意味をもっていたのです。争って、その道をさまざまなつてを辿って探っていたことでしょう。対馬・朝鮮海峡経由の西の道が太い道として開かれていました。

北海道を中心にした「北の文化」の社会も独自の大陸との交流をしていたことが、そこから出土する遺物を通して明らかになっています。「中の文化」の交流の道であった対馬・朝鮮海峡経由の西の道のものではありません。北回りの樺太（サハリン）経由のもの、いわば北の道だったのでしょう。しかし、それは常に開かれていた太い西の道と違い、時おり開く細い道です。具体的な証拠は、弥生時代に併行するころ、北海道の知床半島の南側にある羅臼町の墓でみつかっています。鉄製の小刀とそれについていた銀製の飾り金具です。弥生時代に金製品はありますが、銀製品はきわめてまれです。中国の中核地域でも、漢代には銀製品はきわめて珍しいものです。銀製品はむしろ漢の北にあった匈奴や鮮卑といった、いわゆる北方民族の間にみられます。その方面との交流があったことを物語っているのではないでしょうか。ほかにも北の道を通ってきた可能性の高いものが散見されます。文字には書き遺されていない、多くの交流があったことが明らかになっています。

8　中国史書に現れる倭国

『魏志倭人伝』に書かれている邪馬台国とその女王卑弥呼の名は、多くの人が知っていて著名ですが、これは「中の文化」の古墳時代になってからのことと考えられます。それ以前にも中国の史書に倭国のことが記されています。『後漢書東夷伝』には、倭の奴国が後漢に使いを出したという記事があります。この記事を裏づける具体的な証拠が、江戸時代に福岡県の志賀島で発見されています。それは「漢委奴國王」と刻まれた金印です。『後漢書東夷伝』の記事を具体的な遺物で跡づけた例です。2000年近く前のことを具体的なモノ資料で証拠立てをした珍しい例です。これは弥生時代のことです。多くはないのですが、このような当時の倭国についての記事が中国の史書に記録されています。

このような文字による記録出現以前は、歴史を考える基礎になる資料は考古学のモノ資料に限られていました。中国の場合には、3000年前を遡る時期の文字による記録があり、それとモノ資料を対比して考えることもできました。それらの成果と列島の状況を勘案しながらの研究もありました。しかし、列島の状況についての直接の言及はありませんでした。これ以降、日本列島の文化や社会についての研究は、きわめて限られてはいますが、考古資料に加えて文字による記録を合わせた研究ができるようになります。

考古学が扱うモノ資料と文字による記録は、その基礎になる資料の性格が違うために、そこから得られる成果も違ってきます。モノ資料は日常生活に即した分野を得意にするのに対し、文字による記録は一般の人の日常生活とは離れた政治とか宗教とかいうような当時の社会で大きな話題になった事柄を中心にして記録しています。両者は補完する関係にあるともいわれますが、簡単には結び付けることができないものです。

考古学では、遺物の中でもっとも豊富にあり、また変化が速い土器を使って編年という相対的な年代づけをしています。考古学の中だけならば、これで何とかことが足りたのですが、他の分野を合わせて社会や文化の様相を考えようとすると、それらの分野と共通する基準が必要になります。それは暦年代です。考古学でもそれは意識されており、相対年代を何とかして暦年代にもとづくものにしようと努めています。伝統的になされていた方法は、年代のわかる資料が編年のどの時期の土器と一緒に出土するかを克明に調べていき、それらを総合して相対年代を暦年代に近づけるという方法でした。そうした資料は必ずしも多くはなく、時期が古くなればなるほど少なくなるという性質のものです。これにはいくつかの前提があり、研究者の間では議論の尽きないものでもありました。

現在では、さまざまな自然科学的な方法を主にする年代測定法が実用化されています。それぞれの方法は基礎資料に何を使い、それをどのように分析するかによって、その精度や得意とする年代、年代のもつ意味が異なってきます。伝統的な方法による年代と種々の年代測定法による年代をめぐっても議論が尽きません。個々の資料に固執するのではなく、大きな歴史の流れの中で考えていくことが必要でしょう。

邪馬台国の考古学的な位置がどこにあるのかについても、ずっと議論がありました。弥生時代の中で考えるのか、それとも古墳時代の「中の文化」の状況として述べられたこととするのかについての議論です。どちらをとるかによって邪馬台国のもつ意味は大きく変わってきます。現在では、古墳時代の「中の文化」の状況を記述したものとして捉える考古学の研究者が多くなってきています。

こうした意味で、志賀島から出た金印のもつ意味は大きなものがあります。一緒にどのようなものがあったのか、あるいは何もなかったのかがわかれば、学術的な金印のもつ意味はもっと大きくなったのでしょうが、残念です。でも、文字による記録と具体的なモノ資料が関係づけられた意義はたいへんに大きなものがあります。

9　古墳時代そして古代国家へ

弥生時代の小規模なクニの連合体が日本列島の西部に出現し、古墳時代を迎えることになります。やがて、これに東北南部以西の地域が含まれるようになります。「中の文化」の及んでいた各地にほぼ類似した内容をもった古墳が作られます。弥生時代の王の墓は、それぞれの地域ごとに特色があり、地域色の強いものでした。それがほぼ同じ内容をもった墓制に変わったのです。稲作農耕を中心にした社会が、かなり成熟してきたことを示しています。古墳時代の意味を巡ってはいろいろな考え方があります。統一的な中央集権国家が成立したという捉え方もありますが、小規模なクニを合わせた国家連合という捉え方がよいように思われます。それが古墳時代の間に律令国家に向かって、さまざまな意味の変革と準備が行われ、1300年ほど前に律令制度をもとにした中央集権国家が誕生します。

古墳時代は、弥生時代の小規模なクニを連合体として緩やかな纏りを設け、後の律令制度による中央集権国家を準備した時代と捉えることができるでしょう。古墳時代の間に、中央でも地方でも数々の制度を整え、統一国家に必要な条件を整えていったものと思われます。その中でももっとも重要であったと思われるのは、弥生時代のクニの支配者であった王をどのように処遇し、統一体に組み込むかという問題であったと考えられます。紆余曲折があったのでしょうが、最終的には、地方にあったクニの王は地方官僚として処遇し、中央で国家連合の中枢の一員であった王は中央官僚に登用することで納得させるというような方法によって、中央集権国家を実現していったものと思われます。こうした経過をとって、中央集権国家への流れが徐々に進行したものと考えられます。広範囲な地域を統括する国家を実現するためには、数々の制度や施策が必要になります。そういうものがまったくなかったところに、制度を整え国家としての威儀も正さなければなりません。対外的にも対内的にも、かなり無理をしてでも国家の面目を保つ必要があります。

そのための準備を古墳時代のほぼ400年の間にしてきたのです。そうした中でもっともたいへんであったであろうと思われるのは、すべての記録と連絡の基礎になる文字の習得です。古代には、国・郡・里という地方制度が採用されています。里は50戸からなるとされていますので、

土の考古学書

田区飯田橋４－４－８　東京中央ビル
Fax 03-3239-1466　振替 00140-0-20618
ty.com
ty.com/douseisha/

年の間に刊行されたものを掲載しており
した数字は発行年月を示します)。さら
りたい方は、図書目録をご請求下さい。
します。

ご注文のてびき

文いただければ送料は不要です。
直接ご注文下さる場合は、代金引き替え
たします。また、その場合はお買い上げ
下記の荷造送料をご負担いただきます。
額（本体価格）10,000円未満　380円
10,000円以上　無 料
、万一落丁・乱丁のある場合はただちに
す。
があります。表示価格は税込です。

07.1

遺跡の総合ガイドブック

菊池徹夫・坂井秀弥　企画・監修　　四六判・各1890円

シリーズ　日本の遺跡

①西都原古墳群	南九州屈指の大古墳群	北郷泰道
②吉野ヶ里遺跡	復元された弥生大集落	七田忠昭
③虎塚古墳	関東の彩色壁画古墳	鴨志田篤二
④六郷山と田染荘遺跡	九州国東の寺院と荘園遺跡	櫻井成昭
⑤瀬戸窯跡群	歴史を刻む日本の代表的窯跡群	藤澤良祐
⑥宇治遺跡群	藤原氏が残した平安王朝遺跡	杉本　宏
⑦今城塚と三島古墳群	摂津・淀川北岸の真の継体陵	森田克行
⑧加茂遺跡	大型建物をもつ畿内の弥生大集落	岡野慶隆
⑨伊勢斎宮跡	今に蘇る斎王の宮殿	泉　雄二
⑩白河郡衙遺跡群	古代東国行政の一大中心地	鈴木　功
⑪山陽道駅家跡	西日本を支えた古代の道と駅	岸本道昭
⑫秋田城跡	最北の古代城柵	伊藤武士
⑬常呂遺跡群	先史オホーツク沿岸の大遺跡群	武田　修
⑭両宮山古墳	二重濠をもつ吉備の首長墓	宇垣匡雅
⑮奥山荘城館遺跡	中世越後の荘園と館群	水澤幸一
⑯妻木晩田遺跡	甦る山陰弥生集落の大景観	高田健一
⑰宮畑遺跡	南東北の縄文大集落	斎藤義弘
⑱王塚・千坊山遺跡群	富山平野の弥生墳丘墓と古墳	大野英子
⑲根城跡	陸奥の戦国大名南部氏の本拠地	佐々木浩一

同成社

102-0072 東京都千代
Tel 03-3239-1467
E-mail:douseisha@n
http://homepage3.n

◎ここにはこの 1～2
ます（価格の下に記
に詳しくお知りにな
無料にてお送りいた

▶最寄りの書店にご
▶ご事情により小社
の着払いでお願い
の合計金額に応じ
お買い上げ

▶お買い求めの図書
お取り替えいたしま
▶価格は変更するこ

旧石器時代の地域編年的研究

安斎正人・佐藤宏之編

B5判・三七四頁・一四七〇〇円　（06・5）

旧石器編年が矛盾を露呈する中で、全国的な地域編年の現状を捉え直し、列島的規模で展開する構造変動の動きを新たな編年案により顕在化する。

現代考古学事典・縮刷版

安斎正人編

A5判・四六四頁・三〇四五円　（06・7）

二〇〇四年に刊行された同事典を完全縮刷した廉価版。現代の考古学研究に必須の一〇〇タームを厳選し、気鋭の執筆陣による最新情報を網羅した読む事典。日本の「考古学的転換」を象徴する。

北の防御性集落と激動の時代

三浦圭介・小口雅史・斉藤利男編

A5判・三〇六頁・七三五〇円　（06・8）

古代末期、北日本の各地に周壕をもつ幾多の「防御性集落」が出現する。これら戦乱の時代を思わせる集落の存在は、何を物語るのだろうか。斯界のエキスパートは興味つきない議論を展開する。

蝦夷の考古学

松本建速著

B5判・二五〇頁・六三〇〇円　（06・8）

『日本書紀』以下に「蝦夷」（えみし）と記され、征討の対象とされた人びとは、実は古代日本国領内からの移住者たちか？　考古学的方法を縦横に駆使しつつ、通説とは異なる蝦夷の実像に迫る。

入門者のための考古学教室・改訂版

山岸良二著

四六判・二四二頁・一九九五円　（06・9）

学校の授業形態を模しつつ、考古学に興味をもっている人、これから学びたいと思っている人に、分かり易く解説する考古学入門書の決定版。旧石器時代の内容等を大幅に改訂。

生業の考古学

藤本強編

B5判・三八四頁・一二六〇〇円　（06・10）

日本をはじめ世界各地域の「生業」にまつわる種々のテーマを考古学的に追求した、第一線研究者の手になる論考二十数篇を収録する。「生業」をめぐる考古学研究の最前線。

ムラと地域の考古学

林謙作編

B5判・二三四頁・七三五〇円　（06・12）

さまざまな考古資料を手がかりに、従来の研究蓄積をふまえながら、集落・村落組織、あるいは地域の概念的把握がいかにして可能なのかを問う刺激的論集。

律令制度の施行された最末端にあったものです。その地方制度が及んだ末端である里に対して、郡が命令などを下す文書は郡符文書と呼ばれています。それを書いた郡符木簡とされる木の札が、各地で発掘されています。律令政府は徹底した文書主義を貫いていたことを示す具体的な資料です。50戸を単位にするあらゆる里に、文書が読めて書ける識字能力のある人が配されていたことを示すものです。また、律令国家の徴税は租庸調という現物納税を基礎にしたものです。徴税の基礎には戸籍を作成することが必要です。末端までこうしたことを行うには、多くの識字能力のある人間が地方にも求められます。税金の品物につけられた木の荷札も木簡と呼ばれますが、多数の木簡が都で出土しています。これらは律令制度の及んでいた各地から都に向けて数々の品物が現物納税品として送られてきたことを示しています。このような例をはじめとして、国という機構を維持するためには多くの多面的な知識とその応用力が必要です。そうしたことが古墳時代の間に整えられ、律令国家につなげたものと考えられます。

古代国家は、国家の姿が眼にみえる装置としての都も建設します。古墳時代の間は官僚組織も小さく、「宮あれど京なし」という状況が続いていました。都は一代ごとに飛鳥の地を転々とするような状況でした。1300年余前の藤原京の造営で、それに終止符が打たれます。多くの面ではじめての事業で、造営には多くの時間がかかりました。当時の国力にとっては、技術的にも財政的にも相当に無理をした造営であったのでしょう。屋根に瓦を乗せた朱塗りの柱の立つ建物が建ち並ぶ姿は、まさに国家の力を内外に示す格好の舞台装置になりました。しかし、日本列島ではじめて人が多数集まって住む場所を作ったことで、都市問題がすぐに発生したようです。大まかなことは大陸に学んだつもりでも、細かなところでの経験の乏しさが露呈したようです。20年ももたずに平城京に遷都します。こちらは藤原京造営の経験を生かし、都市問題にも配慮した京作りがなされたようで、かなりの長期にわたる都であり続けました。

都の造営をはじめに多くの文明と呼ぶことのできる条件にふさわしいものが日本列島の「中の社会」にも現れます。稲作農耕を基盤にして、弥生時代にはじまり古墳時代を通して発展を遂げてきた「中の文化」の社会のひとまずの到達点ということになりるでしょう。さまざまな面でかなり無理をして作り上げたものですが、東アジア世界すべての憧れであった唐帝国を頂点におく東アジア文明世界の仲間入りを果たしたことになりましょう。

弥生時代に本格的にはじまった日本列島の階級社会も、古代には重畳的なものに姿を変えます。中央には中央の階級社会があり、地方には地方の階級社会がありました。それぞれが重層的な構造をしており、官位などにより明確に格づけがされるようになっています。形の上では中央集権国家になり、地位も権力も国家によって規定されています。

しかし、地方に中央から派遣される国司は任期が限られていました。地方の実情をどこまで把握していたか疑問があります。古墳時代には古墳を作る主体であった地方のクニの王もしくは首長の権威はそのまま維持され、郡司などの主要な地方の官僚に登用されていました。地方の政治の実際は、こうした人たちが司っていたのが各地の実情と思われます。地方官僚になった有力な首長の後裔がいるところでは、国の施策が実現されていくのに対し、そうした者の存在が明確ではないところでは、なかなか実行できないままになっていることもないわけではありません。中央集権国家の実態をみる思いがあります。

10　稲作を主にした社会

弥生時代以降、古墳時代・古代・中世・近世を通して「中の文化」の社会は、終始その基盤は稲作農耕にあったと考えるのが妥当でしょう。これにはもちろん異論が種々の分野から出るでしょうが、稲作農耕を意図した方向は各方面にあったとみることができると思います。稲作の故郷である長江の流域とも違う、日本列島への渡来の出発点の朝鮮半島とも違う、独自の稲作農耕文化が日本列島に生じたと考えることができます。少なくとも近代以前は、どのようにして水田を増加させ、それぞれの地域のコメの収量をあげるかが、日本列島の中核である「中の文化」の社会の命題であったように思われます。社会の全階層をあげてこの命題に取り組んでいたと思われます。その土地その土地のいろいろな条件のもとに、さまざまな形態の農耕社会が各地の実状に合わせて生まれました。

前にも述べていますが、関東地方より西の日本列島の気候条件は、とくにその太平洋側の地域の気候条件は稲作の故郷である長江の流域の気候条件に酷似しています。稲作の起源地の気候条件に似ているということは、稲の生育に最適の条件を備えているということもできます。こうしたこともあり、古代以降の「中の文化」の社会は稲作を中核にして展開してきたともいえるでしょう。気候条件などで稲作を行うことが難しい場合には、他の暮らし方も取り入れてはいますが、目指すのは水田による稲作であったものと考えられます。広い平野の中の腰や胸まで泥の中に埋まってしまうような土地に開かれた湿田、平坦な土地がほとんどない山間部や海岸沿いの崖の面に小さな田を積み重ねて作られた棚田、さまざまな水田が作られています。コメとごはんは、これまで日本列島に暮らした人々にとっては、何よりの憧れであり願望でもあったのです。

新潟の広い平野の中に作られている水田は、大規模な分水路を作ることによりようやく耕作が容易になった水田です（写真7）。近世の後半に水田が開発された後も、深い湿地の中で胸までつかる泥と戦いながら

写真７　新潟平野の湿地の水田

作り続けられたものです。近年の２本の分水路の掘削により水はけがよくなり、通常の水田と同じようになった水田です。

日本列島の大規模な平野の水田開発がなされるようになるのは、近世の後半になってからのことです。そこには大規模な資本が投下され、ようやく水田が開かれた歴史があります。こうしたところには多くの新田地名が残されています。広い平坦な湿地、これは稲作の故郷である長江の中流域と類似した様相です。それが、日本列島に水田稲作が拡散した後、2000年以上も手つかずであったのです。同じような条件にみえる湿地でも、その水系のあり方、地形の様相などにより水田化が容易であったり困難であったりしたのでしょう。

日本列島では、こうした大規模な平野ではなく、小規模な盆地や平野が早くから水田として利用されてきました。山間部の傾斜のある土地のほうが、棚田としてむしろ早くから水田になった歴史があります（写真8)。棚田も、その耕作が耕作者の高齢化などにより困難になっている事態が続出しています。そこでは、棚田の耕作を続けられるようなさまざまな工夫が講じられているところも出てきています（写真9)。

写真8　新潟県長岡市（旧山古志村）の棚田

写真9　都会からも多くの人が参加する田植え（千葉県鴨川市大山千枚田）

水田やそれに関連する風景は、列島各地の自然に溶け込み、重要な景観にもなっています。「文化的景観」として水田を含む風景が、数多く重要保護地域として文化庁により指定されているのも、こうしたことを反映しているものと考えられます。水田が単にコメを作るだけの意味ではなく、種々の文化的な要素にもなっていることを示してもいます。

また、水田による稲作が日本の社会のさまざまな面を規制していることも事実でしょう。日本列島の水田稲作農耕は、日本人の潜在的な価値観を規制しているともいうことができるでしょう。日本の社会の特徴としてよくいわれるムラ社会であるとか、日本人は周囲との調和を第一にして自らの意見をいわないとかいうような例です。これは長年の水田稲作の影響なのかもしれません。

それぞれの水田で水源を探り、そこから水路を張り巡らし、水路からの用水が不可欠の水田稲作です。水源や用水路など、個人的な努力や行動だけでどうすることもできない部分がたくさんあります。水田稲作には、共同してことにあたらなければならない場面が多数あります。そこでは周囲と調和をとって、個人的な行動はできるだけ抑えることが必要になります。いわば、運命共同体的な雰囲気が周囲の人びととの間に醸し出されます。周囲と軋轢を起こすことは、避ける傾向にどうしてもなります。そうしたことを2000年以上も続けてきたのです。日本人の特徴とされるものは、こうしたことから出てきているのかもしれません。ムラ社会の中で、外から閉じたムラの中で暮らしているのなら、それはそれなりにやってこられたのでしょう。

それが、いきなりムラ社会の外に出て、ムラの外の人間と対等に主張するようにといわれても、難しいのが当然でしょう。開かれた社会の中で、知らない人と論議する風習の中で育った人たちと対等に渡り合うことが求められる世の中になっているのです。現在では、「黙っていてもわかる人にはわかる」では通用しなくなっています。このあたりに多くの人が抱えているジレンマがあるのでしょう。

もう一つ、日本のモノ作りは精密で細かい点まで気配りがあり、世界に誇ることができるという言い方もあります。これも、もしかすると日本型の水田稲作に由来することなのかもしれません。水田稲作では、稲をわが子のように慈しみ育てるという風習がありました。手をかけて育てれば育てるほど、上質で多くのコメが稔ると信じられ、集約的に水田稲作を行うことが続けられてきました。水田稲作以外の分野でもこうした伝統が潜在的にあり、日本のモノ作りを支えてきたということもできるのではないでしょうか。

11　現在の稲作

長江中流域に生まれた稲作農耕は東アジアの広い地域に定着し、それぞれの土地で主要な食糧を供給し、多くの人々を養うようになっています。そこから派生したものは新大陸にも根づいています。東アジアでは、稲作で作られたコメはそのほとんどが粒のまま煮て、ごはんとして食べられています。少なくとも9000年間続いているコメの主要な食べ方であるごはんです。コメ食という伝統が、東アジアを中心にした広い地域で維持され続けていて、そこに暮らす多くの人々のもっとも主要な食料になっています。このあたりで改めて稲作の重要性を再認識する必要があるでしょう。さらに、ごはんのもつ意味についても一人一人が考える機会をもつべきでしょう。

日本では、営々として2000年もかかって拡張してきた水田が減反政策などの理由で次々に放棄されています。コメが余るからという理由がもっとも大きな理由です。コメの消費が減っていることがその根本的な原因なのでしょうが、日本で消費する食料の過半を国外に頼っているという構造は問題でしょう。経済的な視点だけで考えてよいことなのでしょうか。食料というのは、人にとってもっとも重要なものです。安全と安心という観点、コメのもつ日本にとっての文化的な観点を入れた議論が必要なのではないでしょうか。

コメを作るという観点とは別に、水田のもつ多面的な機能が見直されつつあります。景観上の価値についてはすでに述べましたが、ほかにも洪水を防ぐ保水機能などについても注目が集まっています。水田は一部耕作が放棄されているといっても、国土の中では広い面積を占めています。そこには豪雨などに際して、降った雨を多量に貯めておく能力ももっています。水田はコメを作る以外にも多くの機能をもっているのです。それは、長い伝統のある水田稲作の中で作られ伝えられてきたものなのです。

水田のもつ多面的な機能についても配慮しつつ、文化的な観点を入れた水田稲作を行う施策を考慮すべきです。経済的な観点からではなく、文化的な観点から水田稲作を考える必要があるでしょう。水田稲作は今日の日本を形作る原点にあるものです。日本型の水田稲作を将来にわたり守り伝えていくには、どうしたよいのかを考えるべきでしょう。

第5章　パンの起源

1　麦の農耕

麦は西アジアの草原地帯で栽培化され、農耕されるようになった穀物です。乾燥地帯の草原に由来する農耕です。麦は、栽培が開始されるより前、1万8000年ほど前の採集していたころから、ずっと粉にして焼いて、「パン」として食べられ続けています。

麦を採集して食料にしていた終末期旧石器時代の間に、麦を粉にする道具である製粉具が出現します。粉にしていたことは確かですが、焼いて食べていたかどうかについてははっきりとした証拠はありません。ただ、他の調理法の痕跡はまったくありません。西アジアの民族誌には、麦を粉にしたものを水で練り、それを平らに伸ばし、焚き火の灰の中に入れて焼くという方法で、パンが作られている記録があります。現在でも行われている砂漠の遊牧民のパンの作り方です。こうした方法が採用されていたものと考えられます。このようなパンの作り方が行われていると、痕跡はほとんど残りません。終末期旧石器時代の間は、穀物の利用が盛んな時期と低調な時期があります。自然環境の変化がそうしたことをひき起こしたのでしょう。製粉具や収穫具のあり方から、こうしたことを推測することができます。

栽培されるようになり農耕が安定するようになると、効率的な製粉具が次々に開発されます。農耕の安定と効率的な製粉具の開発は、深い関係にあると思われます。9000年ほど前に、効率的な製粉具である鞍形石臼（サドル・カーン）が出現しても、すぐにはパンを焼く装置は出てきません。鞍形石臼はその後、短いところで5000年、長いところでは8000年も使い続けられる優れた製粉具です。パンを焼く装置と考えられるパン焼竈かと思われる遺構が現れるのは8000年前ころからです。それも限られた遺跡で確認されているだけです。パンはずっと焚き火や炉の熱い灰の中で焼かれていたのではないでしょうか。

麦は西アジアの乾燥した草原で栽培されるようになり、やはり乾燥した草原に棲息するヤギ・ヒツジの牧畜と組み合わさって農耕文化として成立しました。ヤギ・ヒツジの牧畜は麦の農耕に若干遅れた時期からみられるようになります。当初は、同じ村落の中で両者が行われていたようですが、8000年ほど前に次第に分離するようになります。村落のある場所の周囲の環境により、より湿潤なところでは麦の農耕が主になり、より乾燥したところではヤギ・ヒツジの牧畜が主に行われるというように、村落の自然条件に合わせた暮らし方が選ばれるようになります。6000年ほど前になると、季節ごとに草のあるところを探して移動生活を送る遊牧集団が出現します。

農耕と牧畜という異なる生業を組み合わせるところが、西アジアの農牧文化の特徴です。そこの自然を利用するのに適した方法です。また、農耕集団と遊牧集団という生業の異なる集団が近接したところにいて、それぞれにふさわしい土地で暮らしている、このことはこの後の西アジアの文化の展開の中で大きな意味をもつようになります。

麦とヤギ・ヒツジの農牧文化は、西アジアからヨーロッパ、北アフリカ、中央・南アジアの旧大陸西側に早い時期に拡散しました。拡散したそれぞれの場所で、その土地の自然環境に応じて、さまざまに変容します。このうちの大部分は、その故郷と同様な、冬雨の地中海性気候下の乾燥地帯への拡散ですが、ヨーロッパのアルプス山脈以北への拡散は森林地帯への拡散です。そこでは、家畜が草原に棲息するヤギ・ヒツジからウシに替わります。このように拡散した地域の自然条件に合わせながら変容しています。

2　西アジアの自然

西アジアの自然環境は、雨が少ないために乾燥した草原と砂漠が主体になっています。森林は草原と砂漠の周りにある山の周囲にわずかにあるだけです。ティグリス川とユーフラテス川という二つの川が貫流する草原や砂漠からなる平原の周りには、東にザグロス山脈、北にタウルス山脈、西にレバノン山脈、アンティ・レバノン山脈があります。これらの山脈の近くに森があるのです。

これらの山脈の麓は、若干雨量も多く、山から流れ下る川もあり、豊かな草原が広がっています。世にいう「肥沃なる三日月弧」です。レバノン山脈、アンティ・レバノン山脈の西には地中海に面した狭いけれど恵まれた土地が広がっています。これらの山の間や地中海の海岸近くには、1年中水の涸れない川があちらこちらに流れているような土地もあります。こうしたところには、限られた範囲に草原がみられます。

レバノンの地中海岸から東に向かうと、ごくわずかの距離で山頂の標高が3000mを越えるレバノン山脈に到達し、それを越えると標高が500m前後の高原になり、またわずかの距離で山頂の標高が3000m近いアンティ・レバノン山脈になります。それを下ればシリア砂漠になるというように、50kmほどの間に高低差の激しい地形があります。それぞれの山脈を横切る道路が通る峠は標高1000mほどですが、景観は慌しく移り変わります。レバノンではスキーと海水浴が同時にできるなどともいわれていますが、それほどではなくても多様な自然環境が比較的狭い範囲にあることは事実です。

地中海岸はそれでも比較的湿潤ですが、一山越えるたびに乾燥がひどくなり、アンティ・レバノン山脈を東に下ると砂漠が広がります。東西方向では東に行くにつれ乾燥をする傾向がありますが、南北方向でも北は比較的湿潤で、南は乾燥しているということができるでしょう。メソポタミア平原と呼ばれる両河地帯を除き、数十キロでまったく違った自然環境になるところがほとんどといってもよいでしょう。

西の地中海と東の砂漠に挟まれた山間部や海岸沿いの南北につながる狭い場所は、歴代にわたってアフリカとアジア・ヨーロッパをつなぐ、いわば回廊として各時代の人々によって使われてきたことも確かです。さまざまな時代の遺跡や遺物がこの回廊沿いにみられます。それぞれの時代の人々の交流と拡散に大きな意味をもち続けた場所です。

西アジアでは、人にとっても植物にとっても動物にとっても、苛酷な環境が広い範囲を占めています。むしろ人を含む動植物が暮らすことのできる土地は少ないという表現のほうがあたっているのかもしれません。動植物が生きることを拒否する砂漠も広い面積を占めています。このような苛酷な環境は、過去にあった気候変化の影響をもっとも深刻に受けるところです。砂漠の中でも、ごく限られた時期の遺跡がみられることがあります。そこでは湿潤になった時期にだけ生活がなされたのでしょう。ある季節にだけ利用されていたと考えられる遺跡もないわけではありません。やや湿潤になる季節に限り、そこを利用したとされる遺跡もあります。

西アジアでは、多いところでも年間雨量が400㎜前後と総じて雨量は乏しいのですが、冬に雨が降り夏にはほとんど降らない地中海性気候帯に属しているところがほとんどです。このことは秋に種を蒔き、冬に成長し、初夏に収穫期を迎える冬作物の麦にはもっとも適した気候です。西アジアでは、年間雨量が300㎜以上あれば、潅漑なしの天水農耕が可能といわれていますが、これは降雨の季節が麦の蒔種と成長の時期にほぼ一致するから可能になるのです。ほかの季節に雨が降るというような条件下では、天水農耕は不可能なくらいの雨量です。麦は、西アジアの気候条件にもっとも適合した穀物ということができます。

現在でも、麦の農耕とヤギ・ヒツジの牧畜が行われているのですが、湿潤な条件のもとで麦の農耕が、乾燥した場所でヤギとヒツジの牧畜が行われています。さらに、牧畜では草を求めて移動する遊牧形態の牧畜がなされていて、季節ごとに草がある場所を探しながら、それぞれの場所に生える草を有効利用しています。

3　麦とヤギ・ヒツジの故郷

現在、栽培されている麦のもとになったと考えられている野生種は、小麦も大麦も広い範囲にみられます。小麦は一つの野生種から得られたものではなく、複数の野生種から複雑な交配を繰り返した結果、現在のいろいろな栽培種が成立したと考えられています。交配の中心になったのは、エンマー小麦と一粒系小麦と呼ばれるものです。ほかにも多くの野生種が栽培種の中に取り込まれている可能性があります。栽培種の大麦も、同様に何種類かの野生種の交配により成り立ったものとされています。麦の栽培種の成立に関しては、多くの分野から仮説が提出されていますが、その成り立ちが複雑なことから一つに絞り込む段階にはきていません。

栽培種の小麦のもとになったエンマー小麦の野生種の現在の分布は、メソポタミア平原の北にあるタウルス山脈とザグロス山脈の山麓とメソポタミア平原の西にあるヨルダン渓谷の周辺が中心になります。同じように栽培種の小麦の原種になったと考えられている一粒系小麦の野生種の分布は、タウルス山脈とザグロス山脈の山麓にあります。エンマー小麦と比べると東南方向に伸びています。エンマー小麦の飛び地がヨルダン渓谷にありますが、両者の野生種がともにあるのはメソポタミア平原の北の山麓地帯になります。

野生の大麦の分布は小麦よりもずっと広く、メソポタミア平原周辺の山麓地帯のほぼ全域にみられ、一部は北アフリカの地中海沿岸地帯にもあります。ここに述べたことはあくまでも現在の野生種の分布です。稲のところでみたように、栽培化もしくは農耕化されたときの分布が、現在と同じであったということはできません。気候の状況も自然環境もかなりの変化があったことが認められています。しかし西アジアでは、現在の砂漠が広範囲に草原になっていたことを推測することは困難です。現在でも草原であるところで栽培化・農耕化が進行したことでしょう。そうなると、栽培化・農耕化の中心は「肥沃な三日月弧」と呼ばれる両河地帯周辺の山麓を考えるのがもっとも妥当と思われます。とくに、その北側の山麓地帯には、栽培種の原種になったと考えられている野生種がすべてあります。ここが中心だったのでしょう。

一方、この地域の家畜、ヤギとヒツジの野生種の分布はどうでしょうか。ヤギの野生種の分布は、大麦と同じようにメソポタミア平原周辺の山麓地帯一帯にみられます。さらに、近縁種はユーラシア大陸の傾斜地を含む広い範囲の草原に分布しています。一方、ヒツジは「肥沃な三日月弧」の北側の山麓に分布しています。野生種のヒツジの分布は限られた範囲の中です。両者は、早い時期から一緒に飼育されていますので、双方の分布が重なる「肥沃な三日月弧」の北側が、もっとも可能性の高い起源地と考えられます。

小麦・大麦とヤギ・ヒツジの野生種は、「肥沃な三日月弧」の周りに、とくにその北部にあるということができます（図 6）。それらが、近いところに集中してあるということは、そこが栽培化・家畜化の起源地の

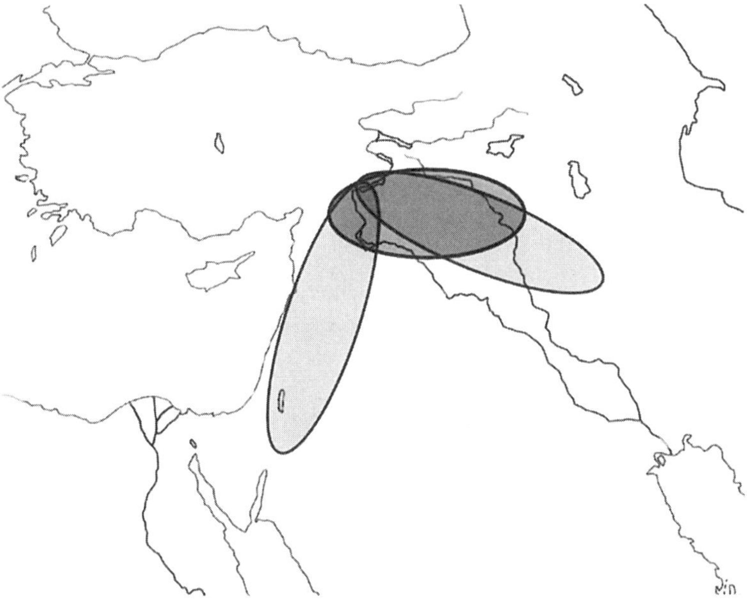

図6　麦、ヤギ・ヒツジの野生種の主要分布域（色の濃い部分が農耕牧畜の起源有力地）

候補としてふさわしいということができるでしょう。それぞれはこの起源地候補の中のやや離れた場所であったことも十分に考えられます。そうした詳細なことはまだ明らかにすることはできません。今後、調査と研究が進んだとしても、ピン・スポットでどこかということは困難でしょう。「肥沃な三日月弧」の北部といっても、広大な場所です。野生種の分布から考えられることは、このくらいのものです。

4　農耕以前の麦の利用

麦は、野生種が採集され、1万7000-1万8000年ほど前から利用されていたことがわかっています。麦の種子、それを粉にした製粉具も出土しています。おそらく麦の刈取りに使ったと考えられる細石器もあります。

1万7000-1万8000年～1万5000年ほど前にイスラエルを中心に展開したケバラー文化と呼ばれる文化の遺跡からです。ヨルダン川沿いの台地の上にあるいくつかの遺跡です。

ケバラー文化は、地中海性の気候地帯に分布していて、採集と狩猟で暮らしていたと考えられる文化です。ケバラー文化の遺跡すべてでこうした組合わせの道具が出ているかといえば、そうではありません。出ている遺跡は少ないといった方がよいでしょう。ただ、それまでの時期の遺跡にはみられない新しい道具です。遺跡からは麦の種子が、多くはありませんが出土しています。

細石器の中には、イネ科の植物を刈り取った際に付着する特有の光沢をもつ使用痕のあるものもあります。数千年後になって現れる新石器文化の遺跡の石器では、よく使い込まれていて肉眼でも光沢をみることができますが、ケバラー文化の石器では、金属顕微鏡で200倍以上に拡大してはじめてみることのできる光沢です。細石器が麦の刈取りに使われた一つの重要な証拠です。

遺跡の周りで自生していた麦を採集して食料にしたのでしょう。製粉具と考えられる道具が出ているので、粉にして利用したものと考えられます。製粉具は、長さが20cm、径が数cmくらいの棒状の石杵と径も高さも20cmほどの筒形をした石臼です（図7左）。石杵と石臼は、上下運動をして製粉する道具です。製粉には前後運動する製粉具のほうが適しています。製粉具の大きさも限られています。それほど効率のよい製粉はできなかったものと考えられますが、採集をした麦を製粉するのですから、効率はそれほど重視されなかったのでしょう。それまでに利用していた食料資源に加えて、日々の食料の中に麦が取り込まれたことを示しています。どのようにして食べられていたかはまだわかりません。一番可能性が高いのは、焚き火の灰の中に入れて焼く食べ方と思われます。

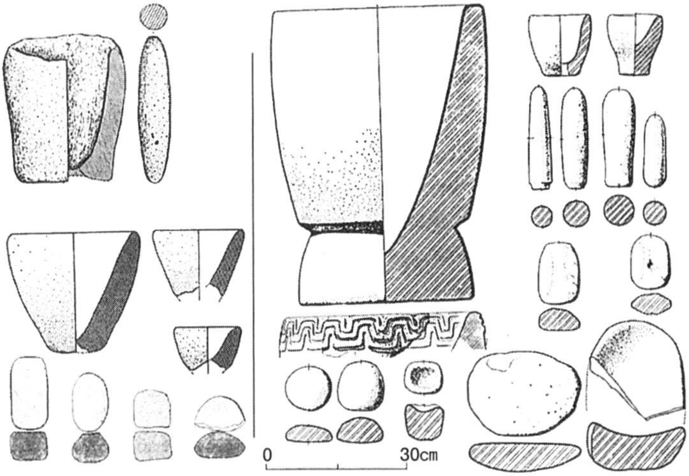

図7　西アジアの農耕以前の製粉具（左:ケバラー文化、右:ナトゥフ文化）

穀物利用の初現として注目されるものです。

ところが、ケバラー文化に続く1万4000年～1万2000年前とされる幾何学形ケバラー文化の時期になると、麦の種子、製粉具、刈取り痕のある細石器も穀物の種子も発見例が減ります。とくに、その後半の段階になるとほとんどみつからなくなります。乾燥化による気候の悪化などの理由で、麦の利用が中断したものと思われます。このように穀物利用は、必ずしも順調に進展するものではないようです。一度、日常の食料の中に組み込んでも、気候の悪化などが原因でそれが困難になれば、すぐにやめてしまうことがしばしば起こったことを示しているのでしょう。

それに替わって、幾何学形ケバラー文化の遺跡は、ケバラー文化の遺跡が確認されていない乾燥した地域でも確認されます。砂漠に近いところでも暮らしていける技術をもつようになったのではないかと思われます。この後に続くナトゥフ文化の遺跡も地中海性の気候地帯と砂漠周辺部の双方にみられます。幾何学形ケバラー文化の時期にはじまる砂漠周辺部への進出を受けたものでしょう。

現在に続く、より乾燥したところでは牧畜を、より湿潤なところでは農耕をという生活方式のはじまりともみることができるでしょう。ここでは、気候変化などに起因する時期による乾燥化への対応ですし、この後にみられるのは地域による乾燥度の違いに応じた対応ということになるでしょう。麦の利用を中断する替わりにより多様な環境に進出することのできる技術を開発したということができると思います。

5 ナトゥフ文化

1万2000年～1万年前のナトゥフ文化になると、麦の利用が再度盛んになります。ナトゥフ文化は、地中海の東部沿岸地帯に分布する採集・狩猟・漁労を基盤にする文化です。基本的には、地中海性気候に適応した文化ですが、砂漠の縁辺地帯にも分布がみられます。多用な環境に適応可能な技術をもった文化です。

遺跡には、大規模な遺跡と小規模な遺跡の2種類の遺跡があります。大規模な遺跡の分布は地中海性の気候地帯に限られます。ここには、麦をはじめとする穀物、製粉具、刈取り具もかなりの量がみられます。製粉具は上下運動する石杵と石臼もありますが、前後運動する磨石と石皿のセットがみられるようになります（図7右）。ナトゥフ文化終末期のユーフラテス川沿いの遺跡には、長さが40㎝にもなる大型の石皿もあります。刈取り具も通常の細石器よりもやや大きめの石刃に作られた鎌の刃とされる専用のものになります。麦の利用がより洗練された姿をみせるようになっています。それだけではなく、従来どおりの狩猟用と考えられる細石器も多くみられますし、後期旧石器時代からの伝統的な道具である彫器や削器も多数あります。海岸近くの遺跡からは、釣り針と考えられる骨製品も出ています。多様な生活が繰り広げられていたことを示しています。

こうした地中海性気候地帯の大規模な遺跡には、円形の住居址群もあります。住居址には製粉具もありますし、その近くには集団墓とされる墓群もあります。少なくとも一定の季節には、ここを生活の基盤としていたことは確かです。定住と呼ぶことができるかどうかまではわかりませんが、ある季節には必ず訪れ、長期にわたり滞在していたことは確かでしょう。

このような大規模な遺跡とともに、地中海性気候地帯にも砂漠の周辺部にも小規模な遺跡が多数あります。こうした小規模な遺跡には、製粉具もありませんし、刈取り用具もありません。明確な住居址もなければ、お墓もありません。あるのは、狩猟用の細石器と伝統的な彫器や削器だけです。草食獣狩猟用の一時的な遺跡と考えることができるでしょう。大規模遺跡と小規模遺跡は役割分担をしていたものと考えられます。大規模遺跡は、地中海性気候地帯に位置する豊かな食料資源を周辺にもつ拠点的な遺跡で、もしかしたら周年、少なくとも一定の季節を通して長期にわたり居住する形で利用をしていた遺跡と考えられます。そこでは、麦の採集が行われ、それを製粉していたものと考えられます。それとともに、周辺で草食獣の狩猟や漁労もなされていたものと思われます。豊かな食料資源を利用できる位置にあります。

一方、小規模な遺跡は、とくに砂漠縁辺部の遺跡は、草食獣の狩猟に特化した狩猟用の一時的な居住地であったものと推測されます。特定の季節にある草食獣の狩猟を目的にした形で利用されたのではないでしょうか。大規模な遺跡が地中海性の気候地帯にあり、穀物を含む採集活動に利用され、小規模な遺跡が砂漠縁辺部に位置していて、狩猟用に利用される形であるというのは、暮らし方こそ採集・狩猟と農耕・牧畜と異なりますが、すでに現在に通じる生活様式がこの地域に出現したということができるでしょう。幾何学形ケバラー文化のときに萌芽のある生活の様相がナトゥフ文化のときにほぼ確立し、西アジアの今日の生活の原型が出現したように思えます。ナトゥフ文化は農耕と牧畜開始の直前段階にあるとすることができます。

麦の利用は直線的に展開したのではありません。ケバラー文化、幾何学形ケバラー文化、ナトゥフ文化と、利用の有無と増減を繰り返しながら、長期間の間に行きつ戻りつを繰り返しながら、しだいに農耕に近づいていったと考えられます。

6　麦農耕の考古学的調査研究

麦の農耕に関する本格的な考古学調査は、第二次大戦後にアメリカのシカゴ大学のR. J.ブレードウッドを団長とする調査団により開始されました。この調査団は、農耕の起源の解明を主な目的として、この問題に正面から取り組んだ調査団でした。イランとイラクで具体的な遺跡の調査によって、この問題に取り組みました。そのため、従来の調査団の構成は考古学者が中心になっていたのに対し、古動物学、古植物学、古地理学、古人類学、古気候学など多くの自然科学の分野の研究者を調査団に入れ、多くの観点から農耕の起源に取り組むことのできる構成がとられました。

このように、この調査団は従来の考古学の調査とはまったく違った編成になっていました。多面的に解明しようとする明確な意図がみられるものです。これをはじめとして、その後に西アジアで行われる調査は、自然科学分野の研究者を必ず入れるようになっています。それにより、石器や土器あるいは金属器といった、いわゆる人工遺物に偏った従来の調査とは面目を一新したものになっています。遺跡に遺されているあらゆる遺物の分析が可能な調査が意図されています。人工の痕跡の有無に関わらずあらゆる遺物について、現地調査の時点でそれぞれの分野の専門家が資料の採取から手がけ、その分析を担当する体制が整った調査団が数多く編成されるようになりました。

このブレードウッドを中心にした調査団は、調査開始の直後にイラクのザグロス山麓で、当時としては異例の遺跡であるジャルモ遺跡を発見しました。ジャルモ遺跡の上の方の層では、原初的な土器と石器が練り土の家から出てきました。ところが下の方の層になると、石器のみが同様の練り土の家から出るようになります。下の層からは土器が出ないのです。家の様相も石器の種類や組合わせも上の層とまったく変わりません。ただ土器だけがみられないのです。逆の見方をすれば、変化の認められない道具による暮らしをしていたところに、土器が付け加わるという状況です。下の層でも上の層でも農耕を基礎にする定住的な暮らしがなされていたことは明らかです。土器がないのに農耕があり定住している、そうした文化が存在していることが明らかになったのです。石器には磨いて作られた石斧などもあります。

当時のヨーロッパを中心にして考えられていたところによると、農耕も磨製石斧も定住も土器も一緒に出ることが新石器文化の基準とされていたのです。それが、土器がないのにその他の要素はすべて揃った文化が現れたのです。そのころの学界にとっては、異例の驚き尽くめの発見であったのです。こうした事態を受け、土器がなく定住した農耕村落が確立している段階を「無土器新石器文化」あるいは「先土器新石器文化」と呼ぶようになりました。1960年代には、旧世界のどこの地域でも「先土器新石器文化」は、人類の通る文化の一階梯であるというような極端な考え方も出るほどになりました。

ブレードウッドを中心にした調査団は、ジャルモよりも古い段階と考えられる遺跡も、ジャルモに続くと考えられる段階の遺跡も、比較的短い間に発見しました。ジャルモだけが異例の遺跡ではなくなり、ザグロス山麓の文化の展開の中にしっかりと組み込まれることも明らかになりました。しかし、一つの遺跡で農耕が出現する様相を捉えることのできた遺跡はありませんでした。農耕の初現近くまでいきながら、肝心なところは明らかにはできていません。しかし、ジャルモ遺跡の発見にはじまる一連の調査と研究によって、この地域の農耕の起源をめぐる調査研究はそれまでと違う、まったく新しい世界に立つことになりました。机上の空論でなく、具体的な考古学の資料をもとにして議論ができるようになったのです。

この発見以降、1950～1960年代にかけて、西アジアの各地で「肥沃な三日月弧」を中心に、その周辺の広い地域で「先土器新石器文化」に属する遺跡が次々に発見されるようになりました。地域により少しずつ様相を変えながら、ほぼ同一の歩みで農耕化が進行したことも把握されました。「先土器新石器文化」の中にもいくつかの時期的な違いがあることもわかってきました。レヴァントと呼ばれる地中海東岸地域では、主としてイェリコと呼ばれる遺跡の調査成果にもとづき、先土器新石器文化をA（Pre-Pottery Neolithic A, PPNA）とB（Pre-Pottery Neolithic B, PPNB）に分けるようになります。これをきっかけにしてレヴァントの調査研究も大いに進展します。このようなときにザグロス山麓に戦乱が及び、断続的に続くため、ここを調査することは困難になります。

ザグロス山麓を中心にして調査をしていた各国の調査団は、1970年代以降、調査することが可能なシリアに調査の中心を移します。ユーフラテス川にダム計画が起こったこともきっかけになり、ユーフラテス川の中流域で、ムレイベトと呼ばれる遺跡が調査されました。この遺跡については後でやや詳細に述べるつもりですので、簡単に触れておきます。この遺跡の一番下の層は、ナトゥフ文化の終末期の様相をしています。

一番上の層はこのあたりの先土器新石器文化Bの様相をみせています。さらに詳しくいえば、先土器新石器文化Bの初現的な様相をしている層と考えられるものです。この間に挟まれた二つの層の期間に、採集から農耕への転換が生じたものと思われます。住居、打製石器の組合わせ、製粉具、石器素材の製作法などの多くの要素で徐々に変化がみられ、一番上の層の時期には、それがほぼ完成しているということができる様相です。周辺のいくつかの遺跡でこれらの変化の様相が追認されています。麦の農耕は採集から徐々に出現したということができるようになっています。

ヤギとヒツジの牧畜は、麦の農耕に遅れて現れることもほぼ確実になっています。それがどこであったのかはまだわかりません。可能性の高いのは、「肥沃な三日月弧」の北側と思われますが、はっきりはしません。後でもう少し詳しくみることにします。牧畜の出現を理論的に考察した論文も出ていますが、種々の面で農耕の出現よりも具体的な解明は困難と思われます。

その後も、シリアなどのレヴァントでは、毎年調査が行われ、新しい事実が次々に明らかにされています。また、そうした成果をもとにした新しい観点からの研究も発表されています。しかし、1990年代までに示された大枠の大きな変更はなされていません。今後の焦点は、ザグロス山麓の様相の把握とそれが明らかになったときに行われるレヴァントとの比較研究になりましょう。レヴァントで考えられていることが、ザグロス山麓にも適用可能なのか、あるいはザグロス山麓は別個の展開をしているのかということです。平和になることが待ち望まれます。

7　西アジアの農耕・牧畜

ユーフラテス川の中流域で1万年～9500年前の先土器新石器文化A

(PPNA）の時期に麦の農耕が開始されたものと思われます。先にも触れたムレイベトで採集から農耕への移行を層位的に把握することができています。その周辺のユーフラテス川沿いの数遺跡でムレイベトの各段階に対応する様相が確認されています。ナトゥフ文化から先土器新石器文化Aを経由して先土器新石器文化Bに至る連続的な展開過程が把握されています。これは農耕開始の方向で生じた展開です。どの段階にも製粉具がみられるので、麦は粉にしていたことは確かです。その粉をおそらく焼いてパンにしていたのでしょう。

一方、ヨルダン川沿いのイェリコでは、これとは別の展開がみられます。先土器新石器文化Aは、それまでナトゥフ文化で行われていた暮らしの方法を受け継ぎ、それをさらに追求し特化した生活方法に向かいます。目指す方向が異なってきたのです。それには訳があるのかもしれません。ユーフラテス川の中流域のナトゥフ文化は、いわば辺境地帯のナトゥフ文化です。それに対し、イェリコはナトゥフ文化の中核地域にあります。イェリコは、ナトゥフ文化が適応した自然環境の中心にあるともいえます。そこの自然環境を利用する上でもっともふさわしい方法を開発していたということもできるでしょう。そこではナトゥフ文化が目指した方向を固執し、より特化する方向をめざすのも当然でしょう。ある意味ではそこの自然環境に過適応したともいえましょう。

ムレイベトをはじめとするユーフラテス川中流域のナトゥフ文化は、その後半の時期にはじめて姿をみせます。ナトゥフ文化の故郷とはいえないところです。自然環境も中核地域とは異なります。そこで暮らしていくには、何か別のことをする必要もあったのでしょう。異なる方向を模索したのだと思います。それが麦の農耕になったと考えるのが自然でしょう。イェリコとは異なる農耕を指向する先土器新石器文化Aを作り、その展開の中で先土器新石器文化Bが生み出されたのでしょう。

その後、先土器新石器文化Bはレヴァントに広く拡散し、イェリコにも現れることになります。ムレイベトの先土器新石器文化Bが現れるⅣ層のすぐ下にあるⅢ層と呼ばれる層が、農耕への転機になる鍵を握るものです。ここには住居・石器・製粉具などに、旧来のものに加えて先土器新石器文化Bで明確になる要素が現れはじめます。

先土器新石器文化A（PPNA）に続く9500年～8000年前の先土器新石器文化B（PPNB）のときに、麦の農耕が完成したとすることができるでしょう。開口石臼（open quern）と呼ばれる効率のよい製粉具、栽培化された麦、専用の刈取り具、耕作具などが定住した村に現れます。いずれもその萌芽的なものがユーフラテス川中流域の先土器新石器文化Aにみられたものです。先土器新石器文化Bの間に、ヤギとヒツジの牧畜も文化要素に加えていたものと考えられます。この間に製粉具もさらに効率のよい鞍形石臼（saddle quern）が導入されます。

ユーフラテス川の中流域で確立した麦の農耕は、この時期に四周に広がります。南のダマスカス盆地に、さらにヨルダン川流域に、東のユーフラテス川沿いに、さらにその支流域に、西の地中海岸に、北のアナトリア方面へとその範囲を広げます。その土地の条件により少しずつ変化しています。これについての詳しいことは後で触れます。

先土器新石器文化Bの時期に確立した農耕が、西アジアの広い地域で安定するのは8000年前以降の土器新石器文化（Pottery Neolithic, PN）になってからのことです。より乾燥したところでは土器もみられませんし、製粉具もほとんどありません。こうした遺跡では、ヤギとヒツジの牧畜が主な生業になっていたことが考えられます。牧畜を主にする集落の登場です。さらに、先土器新石器文化Bの時期に特有の狩猟用の石器だけがみられる遺跡もあります。地域により多様なあり方が出現するようになります。

ヨルダン川沿いで別に麦の農耕とヤギの牧畜が開始されたという考え方もあります。可能性はありますが、現在の全体的な状況から考えると、レヴァントの麦の農耕はユーフラテス川中流域に起源があると考えるのがよいように思います。戦乱が続き調査が困難な状況が続いているのではっきりしませんが、ユーフラテス川中流域とは別にザグロス山麓でも麦の農耕がはじまったものと思われます。

8　西アジアの製粉具

麦、とくに小麦は芒が種子に深く入り込み取りにくいので、製粉するのが利用には適しているとされます。麦の利用には製粉が必需ともいわれています。上下運動して製粉する石杵と石臼の組合わせは、1万7000-1万8000年～1万5000年前のケバラー文化にあることは前に述べています。その後の幾何学形ケバラー文化でははっきりしなくなりますが、ナトゥフ文化では地中海性気候の核地域を中心にした遺跡で、上下運動する製粉具に加えて前後運動する製粉具もみられるようになります。大きさは小さなものが主体です。

効率のよい製粉には、大型の前後運動する製粉具が必要です。穀物利用の拡大には、大型の効率のよい製粉具が必需品になります。ユーフラテス川中流域のナトゥフ文化の遺跡には、自然の石にちょっと手を加えただけの粗い作りの製粉具がみられます。形は不定形をしていますが、大きさだけは長さが30～40cm、中には50cmを超えるものもあるというように大型です。

製粉具の材料には、凹凸のある表面になる玄武岩や中に含まれている粒子の硬さに違いのある砂岩のような石が使われます。人工の刻み目に替わる自然の刻み目ということになるのでしょう。そうした材質の自然のままの不定形のものが、ユーフラテス川中流域でまず使われたものです。時を追うにつれ、少しずつ形が整えられます。

先土器新石器文化Bの時期に普及するのは、三方向の縁が高く残され、中央がくぼみ、そこから一つの方向に低い部分が続く開口石臼と呼ばれる製粉具です。一方向の口が開いた形になっているので、この名で呼ばれるのです。かなり入念な細工で作られているものもあります。開口石臼の下の臼は長さが30～50㎝、幅が30㎝ほどの長方形をしています。開口石臼の上の臼は長さが15㎝内外、幅が10㎝、厚さが数㎝の長方形もしくは楕円形の平らな石です。これを開口石臼の下臼の上で前後に片手で動かして製粉していたものと考えられます。かなりの効率のものになってはいるのでしょうが、麦を大量に粉にするにはまだまだ改良の余地があります。

先土器新石器文化Bの時期に萌芽がみられ、土器新石器文化の時期に広くみられるようになるのは、この時点での製粉具の完成形ともいえる鞍形石臼です。鞍形石臼は長さが40～50㎝、幅が25㎝、厚さが20～30㎝ほどの大型の下臼と、長さが20㎝内外、幅が25㎝ほど、高さが20㎝内外の上臼からなる製粉具です。下臼の横方向は平らですが、縦方向は反り返り、それが鞍の形に似ているのでこのように呼ばれます。上臼は食パンの形に似ています。開口石臼までの製粉具が、上の磨石を片手で操作していたのに対し、鞍形石臼では、上臼を両手でつかみそこに全体重を乗せる形で製粉します（写真11参照）。製粉の効率という点では従来のものとは比べものにならないくらい効率的になったと考えられます。

現在使われているのと同様な回転式の臼が出現するまで、短いところでも5000年、長いところですと、つい最近まで8000年以上も使い続けられます。少なくとも20世紀前半までは、鞍形石臼はアフリカの遊牧民の間で使われていたという記録が残されています。この遊牧民が鞍形石臼を使わなくなるのは、粉にした小麦、つまり小麦粉を入手できるようになったからだとされています。回転式の臼が出現したところでも、それは大型で畜力利用のいわば業務用として出現するので、家庭用には鞍形石臼が長期に利用されていたようです。早い時期に西アジア起源の麦作が拡散したところでは、どこでも鞍形石臼が使われています。麦作と密接な関係のある製粉具です。これだけ長期にしかも広い範囲で使い続けられたことは、鞍形石臼がいかに優れた製粉具であったかを具体的に示しているといえましょう。鞍形石臼の出現前後に麦作農耕は安定した様相を呈するようになります。効率的な製粉具の出現と密接な関係があるように思えます。

9　ユーフラテス川流域の農耕起源

すでに概略については触れていますが、現在までにわかっていることをやや詳しくみることにしましょう。先にもちょっと述べていますが、ユーフラテス川の中流域のムレイベト遺跡はユーフラテス川の近くにある低いテル遺跡です。今はダムの下になっています。このムレイベト遺跡でナトゥフ文化から先土器新石器文化Aを経て先土器新石器文化Bに至る変化が調査されました。これはあらゆる点で徐々に進行した様子が確認されています。

ムレイベト遺跡にはⅠ、Ⅱ、Ⅲ、Ⅳの４層があります。Ⅰ層が古く、Ⅳ層が新しいものです。Ⅰ層はナトゥフ文化、Ⅱ層は続ナトゥフ文化、Ⅲ層は先土器新石器文化A、Ⅳ層は先土器新石器文化Bとされています。ムレイベト遺跡は、Ⅰ層の採集と狩猟を生業にするナトゥフ文化から、Ⅳ層の確立した麦作農耕をもつ先土器新石器文化Bまでの連続した農耕の発生過程を一つの遺跡の中でみることのできる、たいへんに重要な遺跡です。Ⅱ層とⅢ層が間の移行期になるのですが、その中ではとくにⅢ層が重要な鍵をもっているといえましょう。Ⅲ層では、Ⅰ層とⅡ層にみ

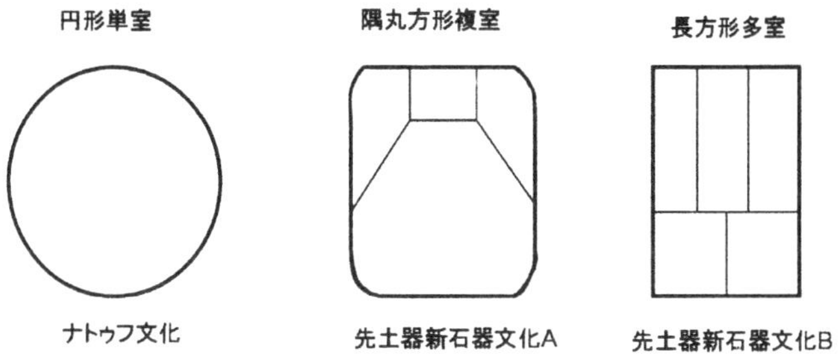

図8　ムレイベト遺跡の住居の変化

られるナトゥフ文化の伝統的な種々の要素の中に新しい要素が出現するのが確認されています。このⅢ層で現れた新しい要素は、Ⅳ層になるとすべてがこれに替わります。新しい生活が確立したことを意味しています。近くのいくつかの遺跡で同様な変化が認められていますが、ムレイベト遺跡のように一つの遺跡で連続してみられることはありません。

住居の平面形は、ナトゥフ文化の時期には数メートルの径の円形のものでした。家の土台になる基礎の石が円形に並んでいる例が多数調査されています。住居は一つの部屋からなる単室構造のものです。それが先土器新石器文化Bになると長方形になり、多くの部屋をもつ多室構造のものになります。一辺が10mを超える大型の例も珍しくはありません。それが何棟も隣り合って集落を作っています。ムレイベトのⅢ層では、円形の単室構造の家が多数を占める中に、隅の丸い方形というか楕円形というか、円形から長方形への移行形とすることのできる住居が、少数ですが現れます。こうした住居の中には部屋の隔壁になると思われる位置に基礎構造がみられます。多室構造ということのできるものです。その上になると長方形の多室構造になります。ムレイベトのⅢ層を間に入れ、円形の単室構造の家から長方形の多室構造の家へ転換したことが推測できます（図8）。先土器新石器文化Bの住居の床は漆喰塗りされるようになります。

石器でも、ナトゥフ文化から先土器新石器文化Bへ徐々に移り変わります。石器の形、素材の作り方の双方で移行が確認できます。Ⅰ層はナトゥフ文化の特徴である細石器が大半を占め、素材作りは伝統的なナトゥフ文化の細石刃作りの手法です（ⅠA）。これにⅠ層（ⅠB）の後半で続ナトゥフ文化にみられる特徴のある石鏃が加わります。Ⅱ層になると細石器がみられなくなります。前の時期に出現した石鏃が目立つ道具です。素材の作り方は前のままの細石刃が主体になるものです。Ⅲ層になると、中型の石刃に作られる石鏃にしては大型なので槍先かと思われる尖頭器とやはり中型の石刃に作られる鎌の刈が出現します。鎌の刃には、イネ科の植物の刈取りの際につく光沢がみられるものがかなりの数あります。素材作りでは、細石刃作りに加えて中型の石刃を作るシステムがみられるようになります。Ⅳ層になると、Ⅲ層で出現した中型の石刃に作られる尖頭器と鎌の刃が主要な打製石器になります。これに磨製の石斧も加わります。素材は中型の石刃を作るシステムが主体になります。ナトゥフ文化から先土器新石器文化Bにいたる徐々の変化が把握されています（図 9）。その中で刈取り具が、専用の石器として効率のよいものに変化している様子がみられます。効率のよい鎌が出現していることは、農耕が確立したことを示しています。また、石槍として使われたと考えられる中型の石刃に作られた尖頭器がかなりの数あることは、狩猟がなお盛んに行われていたことを示しているでしょう。

製粉具でも同様の変化がみられます。ⅠB層は、上下運動をする製粉具が主体です。Ⅱ層の続ナトゥフ文化では、大型ではあるが不定形の下臼が主体です。Ⅲ層になると、やや整った形の下臼が主体になります。そこに新しい製粉具として三方の縁が高く、中が窪んでいて、一方の縁の低い開口部のある初現的な開口石臼が加わります。この初現的開口石

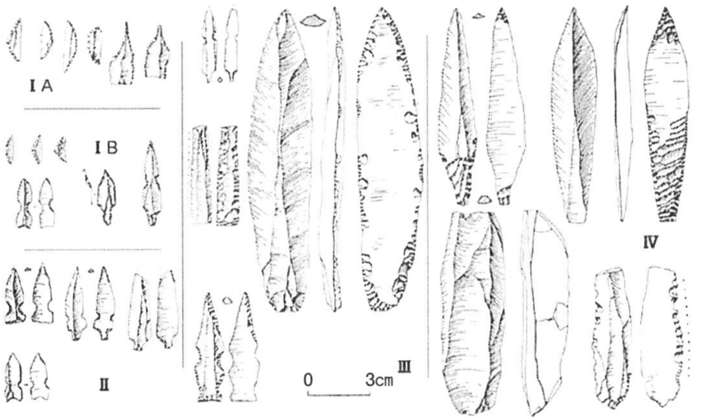

図9　ムレイベト遺跡の打製石器の変化（IVの左下が先土器新石器文化B特有の石核）

臼は数も少なく形も整ってはいませんが、効率的な製粉具の出現として注目されるものです。上臼は長さが15cm内外の楕円形の薄手のものが主体です。IV層になると不定形の臼は姿を消し、開口石臼だけになります。開口石臼自体も初現的なものとは比べものにならないほど整った形をしています。I層とII層の不定形のものから、III層で不定形の石臼の中に姿を現す初現的な開口石臼を経て、IV層の開口石臼のみの組成に移り変わるのです（図10）。上臼には眼にみえるほど大きな変化はありません。徐々に変化しながら、先土器新石器文化Bの様相になるようになります。効率のよい製粉具として、増大した農耕の麦を製粉するのに役立ったことでしょう。

次いで開口石臼はより洗練されたものになります（図11左）。アナトリアのチャユニュ遺跡に、開口石臼と鞍形石臼の移行型と考えられる石臼があります（図11右）。下臼はまさに移行型です。その側に二つの上臼がありました。一つは開口石臼の上臼で（図11右下）、もう一つは鞍

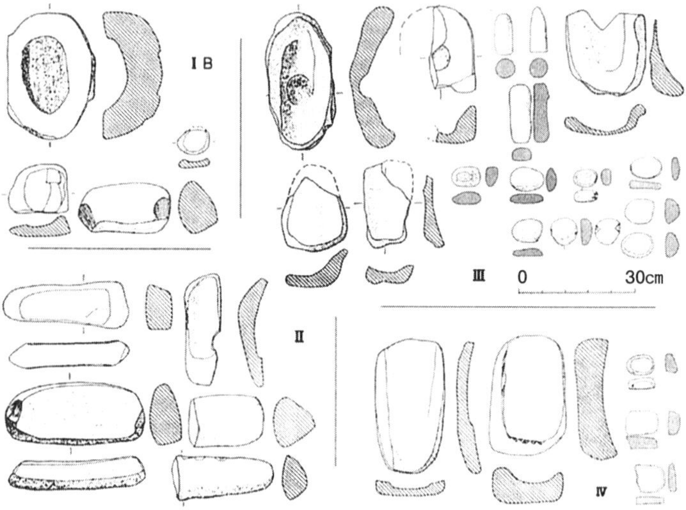

図10　ムレイベト遺跡の製粉具の変化（Ⅲで開口石臼が出現、Ⅳで全例が開口石臼に）

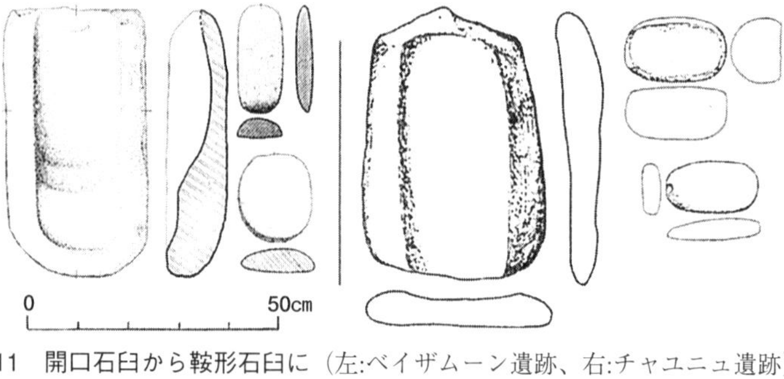

図11　開口石臼から鞍形石臼に（左:ベイザムーン遺跡、右:チャユニュ遺跡）

形石臼の上臼の特徴をした食パン形をしています（図11右上）。両者の機能を兼ね備えたものです。鞍形石臼の出現の様相を示していると考えられます。

このようにユーフラテス川中流域のムレイベト遺跡では、種々の要素が徐々に変り、次第に西アジアの広い地域に拡散する先土器新石器文化

Bの原型になるものが出現するのです。効率のよい刈取り具、効率のよい製粉具という農耕が確立したことを示す具体的な証拠が揃ってみられるようになります。ムレイベト遺跡のように連続した様相は把握されていませんが、ユーフラテス川の中流域の遺跡でムレイベト遺跡の各段階の様相が確認されています。さらに、この地域にあるハルーラ遺跡では先土器新石器文化Bの文化層からパン焼竈と考えられる設備が発見されています。麦がパンとして食べられた具体的な証拠です。これについては後で触れます。

ムレイベト遺跡のⅢ層で出現した農耕がⅣ層で確立したということができるでしょう。言い換えれば、先土器新石器文化Aで出現したと考えられる農耕が、先土器新石器文化Bの時期に確立したとするものです。この後につながるほとんどの要素が、この時期に現れています。それは劇的な変化ではなく、少しずつ徐々に変わりながら新しいものが出現するという過程を経ての変化です。

10　ユーフラテス川起源の農耕の展開

9500年ほど前に、ユーフラテス川中流域で確立した麦の農耕は、先土器新石器文化Bの種々の要素とともに、9000年前を若干遡るころに四周に広がっていくようです。北にはユーフラテス川を遡る形でアナトリア高原に拡散します。ティグリス川上流域にも出現します。南はダマスカス盆地に現れ、ヨルダン川流域に広がります。東はユーフラテス川沿いに下り、バリフ川やハブール川などの支流域にもみられるようになります。西は地中海岸にも姿を現します。現在のシリア、トルコ、レバノン、イスラエル、ヨルダンといった西アジアの西部の地域の草原地帯に広く拡散します（図12）。

それまでにこれらの地域にあった暮らしに置き換わる形での拡散で

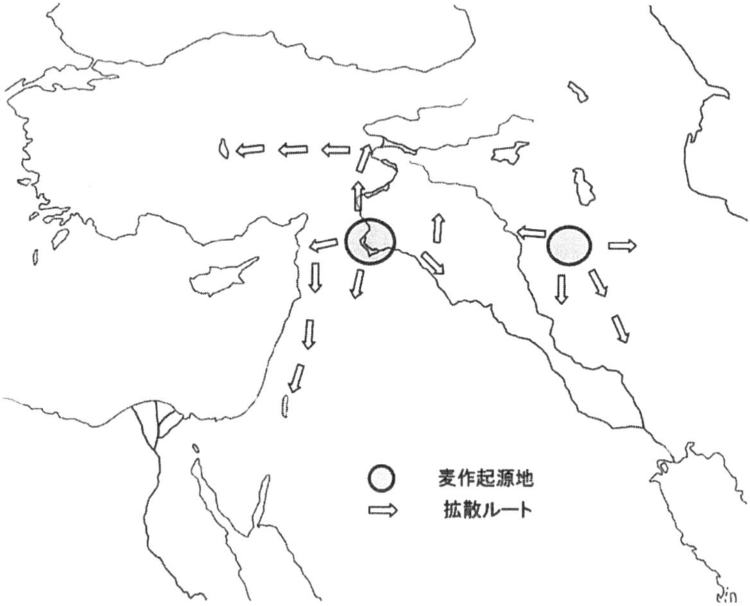

図12　先土器新石器文化Bの拡散

す。これらの拡散は一度に起きたわけではありません。詳細はまだよくわかりませんが、異なる時期に起きた可能性が高く、また繰り返し広がっていたことも考えられます。そうした中で、麦の農耕にヤギとヒツジの牧畜が加わっていったと考えることができます。ヨルダン川流域にあるイェリコなどでは、それまで種々の野生獣の骨があったのに、先土器新石器文化Bの時期には、動物の骨の大半がヤギとヒツジで占められるようになるという報告もあります。狩猟から牧畜に転換したことを示しているといえましょう。

このような四周への拡散は、ユーフラテス川中流域で確立した主要な生活の要素が核になった拡散です。方形で多室構造の漆喰塗りの床をもつ住居、中型の石刃に作られる発達した刈取り具や狩猟用と考えられる尖頭器、開口石臼という効率のよい製粉具、中型の石刃を剥離する素材作りなどの要素をもつ拡散です。もちろん麦の農耕がその中核になります。しかし、麦の農耕の要素が微弱なところもないわけではありません。

西アジアのかなり広域の地に広がるのですから、地域による自然環境も微妙に異なります。それぞれの地域への拡散は、時期も違っていたでしょうが、広がった地域で定着する内容もかなり違ってくるようです。たとえばアナトリア高原の場合には、出土する動物の骨はヤギとヒツジを主にするものではなく、多種類の野生獣のものが多くを占めているようです。ヨルダン川沿いの南部あるいは地中海沿岸地域の南側では、刈取り具や製粉具がしばらくの間はみられないで、先土器新石器文化Bの時期に特徴的な石槍に使われたと考えられる尖頭器が多数みられる遺跡が多いなどの例があります。ここでは、農耕が行われていた可能性は低いということができましょう。

現在につながる自然環境に合わせた生業の先駆けになるものでしょう。幾何学形ケバラー文化の時期に萌芽がみえ、ナトゥフ文化の時期にかなり明確になった地中海性気候の地域と砂漠周辺の地域との間の使い分けが、より明瞭な形で姿をみせたということができるでしょう。先土器新石器文化Bの各種の要素が拡散する中で、地域の自然環境に合わせた暮らしがそれぞれに成立する過程をみせていると考えられます。現在の西アジアの生業の特色である、水分の多い土地では麦の農耕を、乾燥した土地ではヤギやヒツジの牧畜をという構図がかなり明確な形で姿をみせたという評価もできる現象です。

ユーフラテス川中流域で確立した麦の農耕が、西アジアの西側の地域に拡散する様子を述べてきました。ここ30年ほどの間に多くの調査が行われ、こうしたシナリオを述べることが可能になってきました。それには一つの理由があります。ザグロス山麓が戦乱のため調査が困難になり、多くの調査団がシリアやトルコに調査の主力を振り向け、この地域の調査が盛んに実施されるようになったことが、こうした成果を生み出したと考えることができます。農耕の起源を求めた調査が開始されたころは、ほとんど調査が行われていなかった地域だけに隔世の感があります。

11　ザグロス山麓起源の農耕

農耕の起源を求めて調査が開始された当初、多くの事実を明らかにしてきたザグロス山麓は、30年来の戦乱で調査が困難な状況が続いています。そこの様子をみていくことにします。資料が十分にあるわけではないので断片的なものになります。

ザグロス山脈は、北西から南東に列状に連なる山並みからなっています。山並みの間には川があり、川も北西—南東方向に流れ、ところどころに盆地状の地形を作り出しています。川は山並みの低いところで山を横切り、メソポタミア平原に流れ込みティグリス川に注いでいます。

ザグロス山麓では、どのように文化が移り変るかも明確な基準があるわけではありません。一応古いほうから順に、ザルジ文化の段階、カリム・シャヒル段階、ムレファート段階、ジャルモ段階の4段階に分けてみていくことにします。こうした段階に分けることも暫定的なもので、それが時期を追って出現するのかについてもわからないことが多いのです。年代についても確定的なことは不明です。

ナトゥフ文化とほぼ同じころ、幾何学形細石器をもつザルジ文化の後半段階があります。ザルジ文化の後半の段階では、麦類の採集もしくは農耕が行われていたとする考え方もありますが、それが具体的に確認されているわけではありません。根拠のあまりない仮説のまた仮説ともいえる考え方です。幾何学形細石器を使った狩猟が主な生業であったものと思われます。中核地域のナトゥフ文化のような鎌とされる刈取り具、製粉具などはほとんどみられません。また、遺跡は多くが洞窟にあります。ナトゥフ文化のような定住性のある住居は見当たりません。

これに続くのは、カリム・シャヒル段階になるでしょう。ここにも定住的な住居は確認されていません。焚き火の跡とされるものがあるだけです。幾何学形細石器は著しく減少します。刃の部分を磨いた石斧など、いわゆる新石器文化的な石器が姿を現します。鎌の刃に使われたかと考えられる石器はないわけではありませんが、限られた数です。製粉具と考えられるものも出土していますが、自然のままの円礫を利用する小型のものです。こうした状況から考えると、麦類の利用は限られたものであったと考えられます。

では、何をして暮らしていたのかというと、狩猟用の道具と思われるものもほとんどありません。これは、この時期以降のザグロス山麓の文化の特徴といえるものですが、調理用と思われる道具があるのに狩猟用の道具が見当たらないのです。刃を部分的に磨製したものを含む磨製の石斧をはじめとする道具はあります。打製の石器としては、削ったり切ったりするスクレーパー類はあるのですが、これは狩猟に使える石器ではありません。大きな謎です。新石器文化的な石器が多くなっているのは確かですが、暮らし方は旧石器文化的なものであった可能性が高いと思われます。石器の素材は、円錐形もしくは円筒形の石核から剥がされた石刃です。ユーフラテス川流域とは異なる伝統にあります。

ムレファアート段階になると、恒久的と考えられる住居が確認されるようになります。製粉具は数も増え、大型の例も多くなります。上下運動するものに加え、前後運動するものもかなりみられます。両者の機能を兼ね備えたものもあります。磨製石斧もありますし、打製石器では各種の加工の痕や使用痕のある石刃が多数を占めています。しかし、イネ科の植物を刈り取った際につく光沢をもつものは必ずしも多くはありません。定住的な生活が考えられること、製粉具がかなりの数出土することなどから考えると、麦の農耕が生活に組み込まれたとみることもできます。しかし、それが安定した段階になっているかについては疑問があります。狩猟具がみられないのはカリム・シャヒル段階と同じです。出土している動物の骨にヤギとヒツジが含まれていることから、ヤギとヒツジの早い時期の家畜化も想定されていますが、今後の課題です。

ジャルモ段階になると、多くの面で安定した農耕が確立したことを示す証拠が現われます。ジャルモ遺跡は、ブレードウッドらにより先土器新石器文化がはじめて確認された記念すべき遺跡です。長期にわたる居住も認められ、恒常的な住居が繰り返し建て替えられたことも明らかにされています。刈取り具も豊富になり、イネ科の植物の刈取りの際につく光沢のあるものの数も増加します。素材はこの地域の伝統である円錐形もしくは円筒形の石核から剥がされた石刃です。鎌の刃に使われた石刃がある以外は、刃の部分を加工したあるいは使用痕のみられる石刃が大勢を占め、専用の道具として加工された狭義の石器はほとんどみられません。狩猟具とできるものは皆無といってよい状況です。ユーフラテス川流域とは大きな違いがあります。早い時期にヤギとヒツジの家畜化がなされたのでしょうか。磨製の石斧も全面磨製されたものがほとんどになります。アナトリア高原が原産地である黒曜石もかなりみられるようになります。これには大型の石刃として運び込まれているものがあります。それを輪切りにして鎌の刃に利用しています。柄にはめ込むのですが、それを固定するのにビチュメン（瀝青）が使用されています。

製粉具も鞍形石臼が現れ、効率のよい製粉が行われていたことを示しています。長さも35～60㎝と大型のものです。完成形の鞍形石臼と異なり長軸方向の反り返りはまだ十分にはないものの、鞍形石臼とできるものです。上臼は自然石をそのまま利用したものと考えられるものですが、

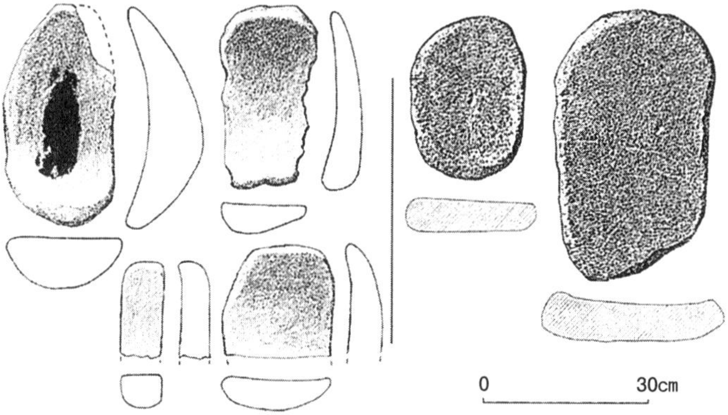

図13　ザグロス山麓の鞍形石臼（左:アリ・コシュ遺跡、右：シムシャラ遺跡）

十分に機能を発揮することができるものです。上下運動をする石臼と石杵も豊富にあります。鞍形石臼の原型になったものはユーフラテス川流域とは異なっていたのではないかと考えています。今後の詰めの作業が必要になりますが、原型が違うとなれば、二つの地域で独自に鞍形石臼が誕生したことになります。

10層以上確認されている文化層の上の3分の1の層に土器があります。土器出現の様相を伝えるものとして注目されているものです。土器のない下の層（先土器新石器文化）と土器のある上の層（土器新石器文化）の間には、土器以外の要素ではまったく違いがありません。土器が出現したことにより、社会の中に変化はなかったということができるでしょう。ジャルモ遺跡には、パン焼竈と考えられるものが発見されています。これについては後で若干述べることにします。

以上にみてきたように、ジャルモ段階では、長期にわたり居住が続けられる恒常的な村落の成立、鞍形石臼を中心にした豊富な製粉具（図13）、刈取り用の鎌の刃など各種の麦作農耕に関わる要素がみられるようになります。さらには、パン焼竈とすることのできる設備も住居内にみられるようになります。安定したパンを中心にした暮らしがあったことを示す証拠が整います。年代はよくわかりませんが、おそらく8000～9000年ほど前のことと考えられます。ユーフラテス川流域の先土器新石器文化Bから土器新石器文化にかけてのころのことでしょう。

12　土器新石器文化

8500年ほど前に、ユーフラテス川流域にもザグロス山麓にも土器が現れます。土器のある新石器文化ということで土器新石器文化（Pottery Neolithic、PN）と呼ばれます。ほぼ同じころに、先土器新石器文化の時期に居住されていた村落の多くは断絶し、多くの新しい村落が生まれます。新しく誕生した村落は、その後も長期にわたり繰り返し居住されるものがほとんどです。安定した麦作農耕を基礎にした社会が成立したものと考えられます。農耕を生活の基盤にした農耕社会と呼べるものが成立したのでしょう。それとともに、地域間の違いが次第に目立ったものになっていきます。

西アジアでは、土器の出現が東アジアに比べると時間的にたいへん遅れます。東アジアでは、遅くとも１万3000年前には土器が各地で出現し、稲作のところでみたように、9000年前までには安定して生活の中で重要な役割を果たしています。東アジアの土器は、食べ物を煮る調理に関連して出現し展開してきたものと考えられています。それに対し西アジアでは、食べ物の調理は焼くという方法が主で、煮るという調理は伝統的にほとんど行われなかったのではないかと思われます。したがって、少なくとも農耕が開始されてからしばらくの間は、調理に土器を必要としなかったと考えられます。さまざまな技術的なレベルでは十分に土器を作るところに達しているし、さまざまな土製品だけでなく少数ながら具体的に土器も作られているのに、土器が広く作られ使われることはあり

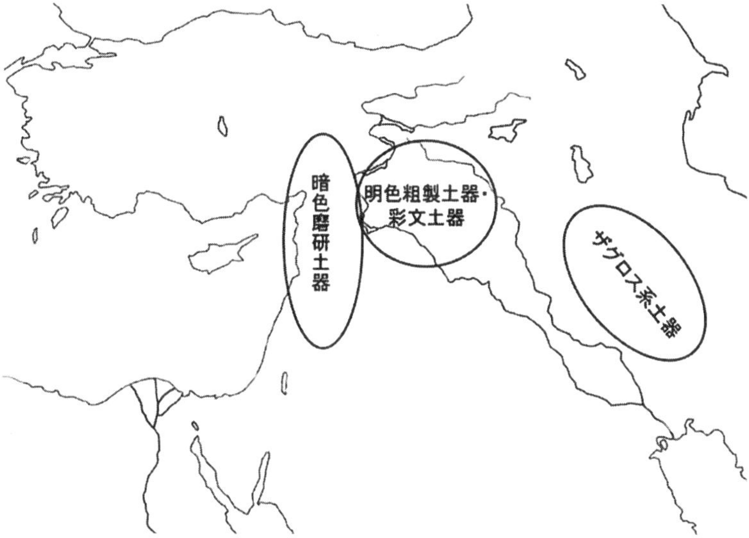

図14　西アジアの初期土器の様相

ませんでした。必要がなかったからと考えざるをえません。

農耕が安定して、地域間の違いが明確になり、食べ物などを貯蔵するあるいは運搬する必要が生じ、その容器として土器が作られるようになり、その後ほかの多くの用途にも用いられるようになり、各地で土器が作られ使われるようになったと考えることができるでしょう。現在のところ、ごく早い時期の土器はユーフラテス川の流域からアナトリアの南部で作られるようになったのではないかと考えられています。ザグロス山麓のことはよくわかっていません。その最初期には比較的類似した土器のようですが、すぐに三つのグループに分かれるようです。

一つは、ユーフラテス川の西からアナトリアの西南部にかけての地域にある暗色磨研土器と呼ばれるものです。もう一つは、ユーフラテス川の東にみられるもので、植物のスサを入れた明色の土器です。これらとは別にザグロス山麓にはもう一つのグループがあるようです（図14）。

西アジアの土器は容器として現れ、当初から多用途に使用されていたものですので、土器はすぐに用途ごとに分化するようになります。基本的には、誕生してすぐにみられるようになる地域ごとの伝統に則って展開していきます。まだ資料が必ずしも多くはないために、詳しいことはこれからの調査と研究を待たなければなりません。8000年前ころ、この後の西アジアの伝統になる彩文土器が現れます。精製土器として出現するのはハッスーナ土器、サマッラ土器と呼ばれる土器です。

8000年ほど前には灌漑を伴う農耕が出現し、その土地の降水量に制限されない形の新しい農耕ができるようになります。集落は、山麓からそれまで居住されていなかった、また麦やヤギとヒツジの自生地の外にある平原に現れます。大きな変革です。社会は大きく変りはじめます。それまで遺跡がほとんど確認されていなかったメソポタミア平原が大きな意味をもつようになります。メソポタミア平原の遺跡は規模も大きくなり、歴史の舞台に大きく登場することになります。

これを機にそれまで先進地域であったユーフラテス川流域を含む地中海東岸地域が、後進地域であったメソポタミア平原のあるティグリス・ユーフラテス両河地帯にその座を譲ることになります。潅漑農耕の採用によって､広大な土地に農耕牧畜社会が展開できるようになるからです。こうした社会の大きな変革の中で､土器はその役割を果たしていきます。

一方、地中海東岸の南の地方では土器がなかなか出現しません。ここには製粉具も刈取り用の鎌の刃もみられません。石器だけがある様相がかなり長い間続きます。乾燥地が広く広がるので、農耕が困難な土地であるからでしょう。これらは、レヴァント南部では先土器新石器文化Cと呼ばれています。牧畜または狩猟によって暮らしていたものと考えられます。幾何学形ケバラー文化でその萌芽がみられ、ナトゥフ文化でその存在が確認された、より湿った土地で麦の農耕を、より乾いた土地で

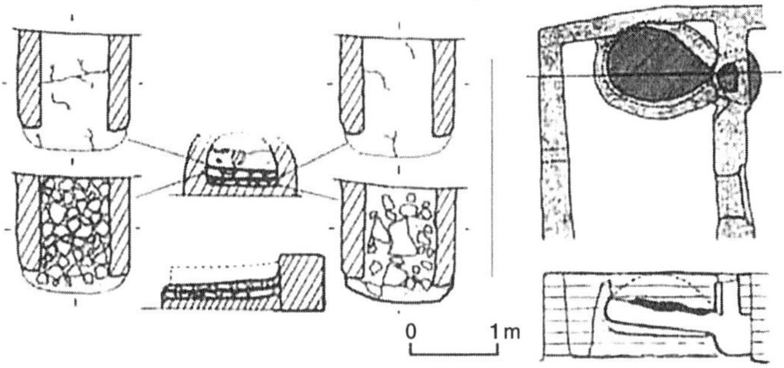

図15　パン焼竈（左:ハルーラ遺跡、右:ジャルモ遺跡）

ヤギとヒツジの牧畜をという、今に続く生活が確立したのを示しているでしょう。

13　パン焼竈の出現

先土器新石器文化Bの時期になり、それまではっきりしていなかった具体的にパンを焼いていたと思われる設備が確認されるようになります。麦を刈り取り、それを粉にするまでは具体的な遺物から考えることができましたが、粉にした後については考古学的な証拠はありませんでした。それがないので、現在の民族誌の援けを借りて焚き火もしくは炉の熱灰の中に入れたのであろうと考えられていたのですが、先土器新石器文化Bの後半の時期になり、パン焼竈の具体例がみられるようになります。麦作が安定して、麦を刈り取り、それを製粉し、できた粉を調理してパンにして食べたことが、考古学の証拠の上で跡づけられました。

パン焼竈が発見されたのは、ユーフラテス川流域のハルーラ遺跡とザグロス山麓のジャルモ遺跡、アナトリア高原のハジラル遺跡などからです（図15）。ユーフラテス川流域とザグロス山麓の双方の地域でパン焼竈がみられるようになったのは大きな意味があるでしょう。これは1m強の長方形もしくは楕円形の平面形をしていて、その上が半球状に覆われているもので、練り土で作られています。今のピッツァ用の竈と類似した構造です。平たく薄く延ばしたパン生地を壁に貼り付けて焼いたのでしょう。練り土から煉瓦と構築材料こそ違え、基本的な形はローマ時代のポンペイにあるものともよく似ています。また、現在西アジアで用いられているものとも似ています。

竈は住居の中から発見されていますし、竈の規模も小規模で数人程度用かと考えられますので、個々の住居でパンを個別に焼いていたことが推測できます。しかし、一つの住居に住む家族構成がどうであったのか、こうした家族が住居の中でどのように暮らしていたのか、個々の村落はどのくらいの人数でどういう構成であったのかなど、基本的なことが解明されていません。それぞれの住居の様相をもとにして、村落を構成する社会のあり方を詰めて具体的な暮らしに迫る研究が求められます。

種々の課題はあるにせよ、パン焼竈が先土器新石器文化Bの時期に、アナトリア高原からユーフラテス川流域を経てザグロス山麓にいたる広い地域で発見されているのは、先土器新石器文化Bの一つの構成要素として組み込まれていた可能性を示唆するものです。今後の注意深い調査により、類例がさらに増加することが期待されます。

14　ハラフ土器の拡散

7500年前を若干遡るころ、ハラフ文化と呼ばれる文化が西アジア一帯を覆うようになります。ハラフ土器と呼ばれる彩文土器を標識にする文化です。それまでの土器新石器時代と異なり、ハラフ文化以降は通常、銅石器時代と呼ばれています。石器とともに銅器が使われるようになるという意味です。といっても銅器が数多く使われるわけでは必ずしもありません。道具の主体は石器です。

ハラフ土器は、ジャジーラ地方と呼ばれる北シリアから北メソポタミアにかけての平原地域が原郷土と考えられている土器で、精緻で優美な彩文を特徴としています。中央メソポタミアが故郷ではないかとされるサマッラ土器にも彩文はみられますが、それを一層精緻で優美な文様にしているのがハラフ土器です。西アジアの彩文土器の最高峰の土器といわれているほどの土器です。それまでの西アジアの土器とは装飾面でも一線を画す土器ともいえます。

ハラフ土器は、故郷であるジャジーラ地方をはじめとして、アナトリア南部・南東部、レヴァント北部・中部、ザグロス山麓などの広大な地域に分布をしています。ハラフ土器のもう一つの特徴は広い範囲に規格化された土器が分布するようになることです。ハラフ土器の前にかなり広範囲に分布したやはり彩文土器であるサマッラ土器は、広い範囲に斉一的な規格性をもつことはできませんでした。中部メソポタミアを中心にしてザグロス山麓とジャジーラ地方東部までは、斉一性がある程度みられますが、それを越えると変容が著しくなります。

ハラフ土器は、ジャジーラ地方の土器の伝統を受け継ぎながら、サマッラ土器などの要素を取り入れ成立した土器と考えられています。西アジアではじめて広域に分布した土器です。この土器が分布する広域の広がりが何を意味するのかについては、いろいろな議論があります。ハラフ土器が分布している地域は、自然の降雨で農耕を行う天水農耕地帯として知られています。分布地域以南は自然の降雨だけでは農耕することが困難で、農耕をするためには潅漑が必須の地域になります。ハラフ文化では、天水農耕と牧畜を組み合わせた生業をしていたものとされています。この生業形態が可能な地域にハラフ文化が分布しているのが、ハラフ文化を考える際の一つのヒントになるように思います。

ハラフ文化の成立は、ジャジーラ地域で起きたと考えられています。それは広くユーフラテス川中流域から西の地域にも及びます。終末期旧石器時代以降、西アジアの文化の先進地域は、終始ユーフラテス川中流域から西の北レヴァントと呼ばれる地域でした。それがハラフ文化の成立によってその終焉を迎えます。ジャジーラ地方で成立した文化が北レヴァントを覆うようになります。

北レヴァントには、狭い範囲にさまざまな自然環境がモザイク状にある、あるいは狭い範囲に低湿地と草原が隣接してあるというような、採集経済段階や初期農耕経済段階の社会には好適な環境はありますが、天水農耕と牧畜を組み合わせた生業を行うのに適した広い平原はあまりありません。ジャジーラ平原には、これに適した環境が広く広がっています。こうしたことが先進地域の交代をもたらしたのでしょう。

15　ウバイド文化

ハラフ文化が西アジアの北部に広く展開しているころ、メソポタミアの南部には、ウバイド文化と呼ばれる文化が出現しています。ハラフ文化が天水農耕と牧畜を基礎にした文化とするならば、ウバイド文化は南メソポタミアの潅漑農耕を基礎にする文化とすることができるでしょう。ウバイド文化の起源についてはわからないことが多くあります。南メソポタミアが起源と考えられていますが、その具体的な内容は不明です。南メソポタミアにはティグリス・ユーフラテス両川の厚い河川堆積物の下に多くの遺跡が埋もれていることが推測されています。大きな遺跡はともかく、小さな遺跡は完全にこの下に隠れているのでしょう。みつかっているのは偶然の機会があったからのようです。こうした遺跡が発見されるのには、大規模な土木工事が必要になります。

ウバイド文化は、次第に北にも拡散していきます。ウバイド文化が西アジア一帯にその影響を与えるようになるのは、6500年前を少し遡るころでしょう。土器の研究によると、ウバイド土器には南ウバイド型と北

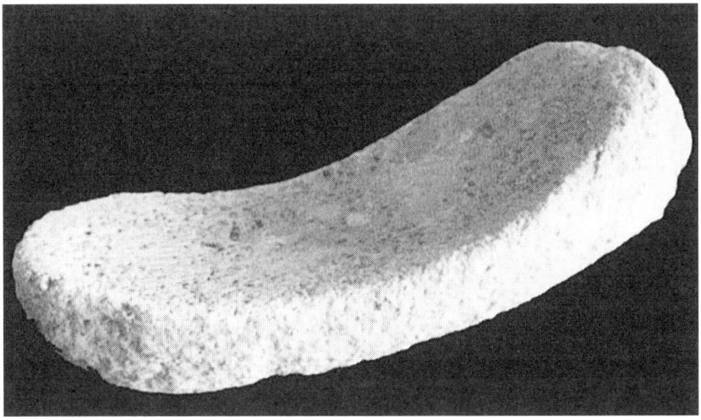

写真10　ウバイド文化の鞍形石臼（テル・サラサート遺跡、東京大学総合研究博物館）

ウバイド型があるとされています。それまでの社会の伝統を反映したものでしょう。ウバイド文化は、種々の面でハラフ文化をより一層拡大しています。ハラフ文化のあったところにもどんどんと浸透して、その要素を希薄にしていきます。ウバイド文化がハラフ文化を圧倒していくのです。

南でも北でも麦作が主要な生活の手段です。これに牧畜が加わるのでしょうが、牧畜専業の集団も生じています。両者の間の交易も盛んになっているものと思われます。麦は粉にして焼いてパンとして食べられていました。製粉に使われているのは伝統的な鞍形石臼です（写真10）。多数の鞍形石臼が遺跡から出土しています。よく使い込まれて磨り減ってしまった例、破損した例も多く含まれています。

メソポタミア北部平原を核にしたハラフ文化は、ユーフラテス川中流域起源の新石器諸文化を圧倒し、西アジア北部一帯に拡大しましたが、今度はハラフ文化が南メソポタミア起源のウバイド文化に圧倒されるようになります。大規模な地理的単元で構成される、より規模が拡大できる可能性のあるものが、小規模な地理的単元で成立していたものを圧倒する傾向をみせています。

大規模な遺跡には大きな神殿が構築されています。また、とくに装飾がされた土器や特殊な形をした祭祀・儀礼用の土器と考えられるものもかなりの数みられるようになります。大規模な遺跡は、その地域の宗教的な中心を兼ね備えた地域の中核的な集落になっていることは確かです。この時期になると、かなりの規模の交易も行われていたことでしょう。農耕集落と牧畜集団が次第に分化していきます。双方の産物を交換する市場が必要になっています。市場での交易が日常生活を支えるために求められます。そうした機能も大規模な集落がもつようになったと思われます。すなわち、交易の中心でもあります。いろいろな意味での地域社会の中核的機能を大きな集落が果たすようになってきます。潅漑農耕を基盤にして社会は大きく変わってきました。都市的な機能を大規模な集落がもちはじめたということができるでしょう。

遠距離の交易もされていたことが、遠隔地にしかないものが発見されることから推測されています。こうした社会には階層差も出現していたものと考えられます。さまざまな面で都市の発生、そして文明直前の様相を示しています。麦の農耕とヤギとヒツジの牧畜を通して、社会は大きく進展してきたものとすることができるでしょう。それぞれの段階で、より有利な土地は変わってきます。

16　遊牧の成立

この時期に、もう一つ付け加えておく必要なことがあります。ウバイド文化がメソポタミア平原に広くみられる時期とほぼ同じ時期に、遊牧によるヒツジを主にした牧畜がレヴァント南部において明確な形で出現したのではないかと考えられることです。遊牧的な生活は、すぐに成立したものではなく長い前史があるのですが、それをどのように考えるのかについては種々の意見があります。

乾燥地域で動物の狩猟をという傾向は、幾何学形ケバラー文化に自然環境の使い分けということで、その萌芽がみられます。続くナトゥフ文化では、湿潤な地中海性気候地帯で植物の採集活動を行い、砂漠の縁辺部の乾燥した草原で動物の狩猟をするという形で、かなり明瞭にそれを跡づけることができます。さらに先土器新石器文化Bでより明確な形になり、砂漠に近い乾燥地にも居住の痕跡が遺されるようになります。

牧畜に力点を置いた集落は、土器新石器文化が現れる8000年前ころに、レヴァントの南部などで確認されるようになります。それからかなりの時間をかけて、遊牧という形に到達したものと思われます。本格的な農耕と牧畜の分離です。おそらく6000年ほど前のことになるでしょう。レヴァント南部以外の地域でもこうした遊牧形態の牧畜の出現はあったのでしょうが、考古学的な資料に乏しく、はっきりとした形では確認できていません。その後に続く農耕と牧畜の分離とそれぞれの集団の役割分担という西アジアの特徴のある社会の基礎が、この時期に形成されたとすることができるでしょう。

17　時期ごとの集落立地の変遷

終末期旧石器文化から先土器新石器文化Aを経て、先土器新石器文化Bに至り、さらに土器新石器文化に、そこからハラフ文化・ウバイド文化の銅石器時代文化にと時期が変わるにつれ、集落の主要な立地は大きく変化しています。この変化に応じて、その時々の文化の中心地も変わります。集落の居住が中断することもしばしば生じています。その時々の居住条件に応じて集落の位置は選ばれていたものと考えられます。

終末期旧石器時代と先土器新石器時代Aでは、多くの小さな生態系がモザイク状にあるところが主として利用されています。個々の生態系の範囲は狭く、居住地から短時間でいろいろな生態系の資源を利用できるような位置が主に利用されていました。レヴァントでこうした条件を備えているのは、地中海性気候の土地でティベリアス（ガリレー）湖周辺のヨルダン川沿いから地中海岸の土地です。ナトゥフ文化の中核地域とされるところです。ザグロス山麓では、ティグリス川の支流の流れる山間の盆地もしくは平原近くの支流沿いの土地です。採集と狩猟で、あるいは場所によってはそれに漁労を加え、季節ごとに多様な食料資源を少量ずつ獲得するという多彩な生業が可能な土地が、この段階にもっともよく利用されています。これに続く先土器新石器文化Bでは、その暮らし方に不向きになったのでしょうか、主要な居住地ではなくなります。

続く先土器新石器文化Bでは、二つの生態系の接点がもっともよく利用されているところになり、多くの遺跡が川沿いに展開しています。ユーフラテス川の中上流域、その支流域、ティグリス川の上流域、その支流域、北レヴァントの小河川流域、ヨルダン川流域、シリア砂漠の西縁辺部の内陸河川流域などが中心的な領域になります。河畔の低地とその背後に広がる草原という二つの生態系です。低地で麦を主にする農耕を、草原でヤギとヒツジの牧畜あるいは草食獣の狩猟をという暮らし方かと思います。個々の生態系の面積は前の段階に比べるとかなり広くなります。農耕が定着して、やや広い川沿いの耕地で農耕をし、周辺のより広い平原を利用して牧畜をするというのが主要な生活だったのでしょう。ここにはさらに、集落からやや遠い距離にある草原での草食獣の狩猟が組み合わさっていたものと考えられます。先土器新石器文化Bの終末か土器新石器文化の早い時期に放棄される集落がほとんどです。先土器新石器文化Bの終末か土器新石器文化にはじめて居住されるようになる集落の多くは、その後も継続して利用され続けます。

土器新石器文化の時期になると、単純な斉一な生態系の中に主要な遺跡はみられるようになります。それまであまり利用されてこなかった生態系です。いずれも広大な生態系です。北シリアから北メソポタミアにかけての広大な草原、メソポタミア平原に集落が展開するようになります。天水農耕がぎりぎり可能か、潅漑なしでは農耕ができないか、どちらかの土地です。北シリアから北メソポタミアの草原は前者、メソポタミア平原は後者の典型的な例です。大規模な潅漑農耕はメソポタミア平原で行われるようになります。この大規模な潅漑農耕により、メソポタミア平原の勢力が次第に他を圧するようになっていきます。ウバイド文化が大きく勢力を伸ばし、その後に続くウルクが西アジア全域を勢力下に治めるようになるのは、潅漑農耕の進展に伴う大きな生態系の中にあるメソポタミア平原南部の力が、他をよせつけないほど強力になったことを示しています。

大規模な遺跡は、大きな単一の生態系の中央近くに位置していることが多いようです。交通の要衝に、とくに河川交通の結節点に位置する例が多いように思えます。それぞれの地域のさまざまな意味での中核ですので、こうした位置になるのでしょう。地域内の交易の中心ですし、遠隔地との交易も行うことになれば、交通路の要衝の位置を占める必要もあります。こうした大規模な村落がさらに成長して、続くウルク期には都市が出現します。ハラフ期には力のあった北シリアと北メソポタミアの草原地帯は後塵を拝することになりますし、新石器時代の先進地域であったレヴァントは大きく遅れをとるようになってしまいます。広大な生態系に乏しいことが原因でしょう。

第6章　パンの広がり

1　西アジア農牧文化の拡散

約1万年前に西アジアの複数の土地で誕生し、8000年ほど前にはそれぞれに安定した麦作農耕は、ヤギやヒツジの牧畜とともに徐々に四方に広がっていきます。はじめは麦作農耕が誕生したところと似たような自然条件の土地に、やがて誕生の地とは異なった自然条件の場所にも広がっていきます。その広がり方は一様ではありません。それぞれの土地で少しずつ違う自然環境に対応しつつ、また、それぞれの土地にそれまでにあった文化要素と折合いをつけつつの拡散です。各地でさまざまな変容がみられます。しかし、西アジアで確立した麦の農耕とヤギ・ヒツジの牧畜が組み合うという農牧の基本形は、どこでも堅持されています。また、製粉具は鞍形石臼です。西アジア起源の麦の農耕が伝わったところでは、どこでも麦は粉にして焼いて食べています。パンの形です。ここでも食の基本的な体系が維持されています。

7500年前までには、ヨーロッパ南部のバルカン半島、北アフリカのナイル川流域、西アジア東部のイラン高原に麦の農耕とヤギ・ヒツジの牧畜が組み合わさった形で定着します（図16）。西アジアの基本的な農牧の形のまま広がりました。地中海性気候の乾燥した草原という故郷の地に近い気候の地域です。ナイル川流域は、地中海性気候地帯ではありませんが、ナイル川の水位の増減が地中海性気候の冬の雨期に適合します。

ナイル川は上流部の夏雨によって増水し、夏の終りから秋口にかけて

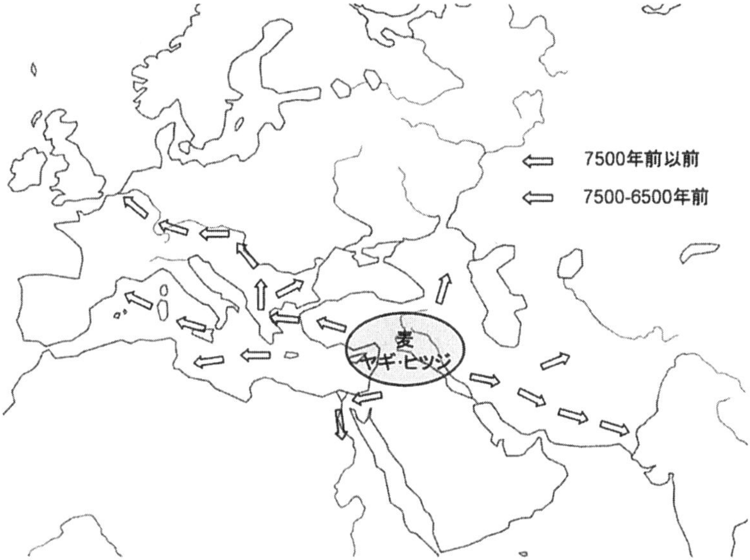

図16　西アジア起源の農牧文化の拡散

氾濫原いっぱいに広がります。秋には徐々に水がおさまり、水嵩は低くなります。その後には増水によって十分に水分を含んだ広い氾濫原があります。その増水による水分が保持されている間に麦の種を蒔き、水分のある間に成長させます。秋から冬にかけてです。これはまさに地中海性気候地帯の降雨の移り変わりと符合しています。ナイル川の水位の季節変動と西アジアの降雨の季節が図らずも類似していたことによる偶然の結果です。

こうした動きによって麦作農耕が拡散した地点からさらに麦作農耕は拡散します。東の方はイラン高原の東部から東のインダス川流域に向かって拡散して行きます（図16）。7000年前を前後するころでしょう。インダス川流域までは麦作農耕は広がりますが、それより東は自然環境が大きく異なるためか、麦の農耕の拡散がそこで止まります。インダス川流域が西アジア起源の農牧が拡散した東の端にとりあえずなります。かなり後になって、おそらく3000年前ころに、おそらく別のルートで中国の華北平原に麦作が現れますが、これは大きく変容した形で定着します。麦の農耕でできた麦を製粉はしますが、それを焼くことはしないで、蒸すかあるいは煮ることにより調理します。今日の麺や饅頭のような形です。調理の方法だけは伝統的なものになったのでしょう。

また、イラン高原からはイラン高原の北麓のオアシス地帯に拡散し、定着します（図16）。ここには西アジアの基本的な形で拡散しているようです。ところが、オアシス地帯から周辺に拡散するときには、大きな変容をみせます。中央アジアの草原地帯への拡散は、麦の農耕を置き去りにしての拡散です。ヤギとヒツジの牧畜だけが草原地帯で行われることになります。西アジアの遊牧とは別個に中央アジアでも遊牧形態をとる牧畜が行われるようになったものと思われます。

バルカン半島に広まった麦の農耕とヤギ･ヒツジの牧畜は、しばらくの間、おそらく1000年前後の期間、ここに留まります。ヨーロッパの東南部のバルカン半島までは、地中海性気候の故郷と同様な自然条件にあったのですが、その他のヨーロッパは若干気候条件が異なります。とくにヨーロッパの北側、今日でいう西ヨーロッパ、中央ヨーロッパ、東ヨーロッパはもはや地中海性の気候ではありません。より湿潤で寒冷な気候になります。植生も草原ではなく、森林になります。西アジア型の農牧のままでは、この地域に定着はできません。森林を耕地に変えることと森林帯に暮らしている動物を家畜化し、ヤギとヒツジに置き換える必要があります。木材伐採用の道具の開発と森林でも暮らせる家畜の飼養に、しばらくのあいだ手間取ったのでしょう。

手に入れたのは、森林の樹木を伐採することのできる特殊な斧とウシの飼養です。およそ6500年前にこの二つを手に入れ、速い速度でヨーロッパの主要部に拡散します。バルカン半島からダニューブ（ドナウ）川沿いに、次いでライン川沿いに拡散します（図16）。新しく手に入れた斧で森林を伐採し、それを焼き払い耕地を獲得します。ウシを飼い、牧畜を行います。そのようにして大西洋沿岸に到達します。そこからさらに周辺に広がります。5500年ほど前には、北ヨーロッパを除くヨーロッパの広い範囲は麦作農耕を基盤にする社会になります。

一方、地中海沿岸地域には、これとは別の様相がみられます（図16）。ここには採集･漁労･狩猟で定着的な生活を送る文化がありました。西アジアで確立した要素のうち、土器の製作と石器の製作だけが広がり、農耕と牧畜はすぐには定着しません。この地域に麦の農耕とヤギとヒツジの牧畜が伝わるのは、5000年前ころのことになるようです。こうしたことをやや詳しくみることにしましょう。

2　ヨーロッパへの拡散

西アジア起源の農牧のヨーロッパへの拡散は、バルカン半島で1000年ほど留まって、この間にヨーロッパに適応できるような方法を開発していたことは確実です。バルカン半島には、西アジアにあるような村落が次々に前の時期の村落の後に作られ、人工的な丘になる例がみられます。西アジアではテルとかテペとか呼ばれ、日本では遺丘と呼ばれる人工的にできた村落の址です。ギリシアではマグーラなどと呼ばれています。日干し煉瓦や練り土で住居を作り、使うことができる風土です。他のヨーロッパにはこうしたものはみられません。西アジアに比べ格段に雨が多くなるからでしょうし、西･中央･東ヨーロッパは地中海性の気候でもありません。バルカン半島の土器には、西アジアと同様の彩文がみられる土器がかなりあります。こうしたことがみられるのはバルカン半島だけで、そのほかのヨーロッパの土器の装飾は棒のような道具や貝殻などで刻み込んで描いた幾何学形の文様が中心になります。これも大きな変化です。

また、ヨーロッパの各地には、その土地の自然に適応した採集·狩猟·漁労で定住もしくは半定住の生活を送っている人々がいました。こうしたところに西アジアから麦の農耕とヤギとヒツジの牧畜をもって新石器文化がやってきたのです。ヨーロッパの新石器文化はそれまでに各地にあった伝統的な文化から生まれたものではありません。西アジアの新石器文化がバルカン半島経由でもたらされ、それがヨーロッパのほぼ全域に定着したものと考えるのがよいでしょう。その前にあった伝統的な諸文化は、西アジア起源の新石器文化の到来で次第に消滅したものと考えられます。

ヨーロッパの新石器文化は、多くの変容を土地ごとに受けてはいますが、基本的には西アジア起源の新石器文化の種々の要素に由来するものです。西·中央·東ヨーロッパでは家畜はウシに変りますが、麦の農耕と家畜飼養の双方を組み合わせたものです。地中海周辺では、西アジアの状況をそのまま受けヤギとヒツジを飼養する場合と、それをウシに置き換える場合の両方がみられます。麦を粉にするのには、若干形の違う例もみられますが、基本的には鞍形石臼が使われます。西アジア起源を具体的に示す証拠です。麦を粉にして焼いてパンとして食べていたことは間違いがないでしょう。

ヨーロッパへの西アジア起源の農耕が拡散するのには、大きくみて二つの道があります。そのあり方は対照的です。一つは内陸の大きな河川沿いの拡散です。バルカン半島に1000年ほど留まっていた麦作農耕は、6500年ほど前にダニューブ川とライン川沿いに一気に大西洋近くまで達します。ヨーロッパを縦横断したという表現ができましょう。これは麦作農耕にヤギ·ヒツジをウシに置き換えた牧畜を加えた農牧文化として拡散したものです。これは比較的短期間の間にさらに四周に広がり、広い地域を農牧による新石器文化に変えていきます。ダニューブ（ドナウ）文化と呼ばれています。あるいはLBK文化と呼ばれることもあります。LBKというのはドイツ語のLinien Band Keramikの略称で、日本語では帯文土器と呼ばれます。帯文土器文化と呼ばれることもあります。たいへんに速い速度で展開したようで、バルカン半島近くでも大西洋に近いところでも文化内容に大きな違いはありません。これが大きな特徴です。その後の四周への展開では地方色が明確になります。

もう一つは、地中海沿岸地帯への西アジアの農牧文化の展開と考えられているもので、農牧文化といっても農耕の要素も牧畜の要素も希薄です。西アジアの新石器文化に由来すると考えられる土器と石器がその土地にあった文化の文化要素の中に取り込まれるだけです。そこにあった採集・漁労・狩猟文化の中に西アジア起源とされる土器と石器が出現するものです。それによって、それまでの暮らしが大きく変わることもないようです。しばらくしてから、牧畜の要素は加わるようですが、農耕が行われるようになるのはさらに後になってからになります。こちらは貝殻文土器文化と呼ばれています。貝殻を押し付けたり引きずったりしてつけた文様が特徴です。拡散のあり方にもいろいろあることがわかるでしょう。

それでは、ダニューブ文化と貝殻文土器文化の様子をみることにしましょう。

3　ダニューブ文化

ダニューブ文化（LBK文化）と呼ばれる文化は、中央ヨーロッパから西ヨーロッパにかけての初期農耕文化です。ここは元来、落葉広葉樹の森林が主体になる自然環境です。完新世になっても細石器を特徴にする中石器文化と呼ばれる文化があったところです。台形や三角形の幾何学形細石器をもつタルデノワ文化と呼ばれる狩猟を中心にした文化がありました。移動生活を送っていたので、遺跡の数は多数にのぼりますが、実際の人口はごく限られたものだと考えられています。

麦作農耕は、乾燥した草原に由来する農耕です。森林地帯への拡大ははじめてのことです。草原では、耕地にするのに大きな労力は必要ではありませんが、森林では樹木を刈り払わなければなりません。樹木伐採用の靴形斧を開発し、伐採した樹木は焼畑にするときのように焼いたものとされています。よく焼畑農耕と表現されることがありますが、数年して新しい土地で伐採し焼畑にすることを繰り返し、十数年から数十年経つとまたもとの土地で焼畑を開く、そうしたやり方であったかどうかはわかりません。

ダニューブ文化の集落は、ヨーロッパの黄土地帯を主に広がったと考えられています。自然環境は比較的類似しています。しかも、中石器文化の人々があまり使っていなかった自然環境です。拡散には大きな摩擦はなかったでしょう。それが短期間の間に1500㎞もの距離を一気に拡散することのできた理由の一つでしょう。こうした速い速度で拡散したので、広い範囲にわたり均一な様相がみられます。

森林地帯への拡散にはもう一つ課題がありました。バルカン半島で飼育していた家畜は草原に棲むヤギ・ヒツジだったので、森林で飼うことができる家畜を手に入れることが必要でした。森林にも草原にも棲息していて、旧石器時代以来、主要な狩猟獣の一つであったウシを家畜にします。放牧もしていたのでしょうが、住居の中に畜舎も設けます。森林の中で、冬にはかなり気温の下がる環境の中で麦の農耕とウシの飼育を合わせた農牧を行うシステムを作り出します。現在のこの地の生活の基盤になるシステムです。

製粉具は鞍形石臼です。これで麦を粉にしてパンにして食べていたものと考えられます。それにウシの乳製品と肉が主要な食料源でしょう。詳しい内容はわかりませんが、食事の内容は西アジアとも大きく変わらなかったでしょう。現在のヨーロッパの主要な食材は、この時期に決まったものということができるでしょう。

土器は壷形と鉢形のものが中心です。文様は棒状のもので表面を刻む、あるいは押し付けるなどして、幾何学文を描くことが行われます。帯のように横方向に展開する文様が多いのでLBK（帯文）土器と呼ばれます。渦巻文もみられます。その後のヨーロッパの各地にみられる土器の原型になるものでしょう。

住居もバルカン半島のものとは大きな変化がみられます。西アジアからバルカン半島までは、練土もしくは日干煉瓦を積み重ねて壁を作り、それを基礎構造にする住居でした。乾燥地の住居です。雨が比較的多いヨーロッパの森林地帯では、この構造の家は降雨の関係で維持できません。木材で基礎構造を作る必要があります。日干煉瓦に替え、木材をぎっしりと立て並べて壁にして、これを基礎構造にするものです。壁の間に柱を入れ、梁でつなぐ構造の家に変わります。畜舎を住居内に設けるので、幅が数m、長さは20mを越える住居になります。広い範囲に同様な住居がみられます。住居の上でも森林地帯への適応がなされています。こうした住居が多数集まって村落を形成したのでしょう。そうした村落の跡が各地で発見されています。村落の中にある住居はほぼ等質のものです。

4　貝殻文土器文化

ほぼ同じ時期に、ダニューブ文化とは別の文化がナイル川流域を除く北アフリカおよび南ヨーロッパの地中海沿いに拡がります。貝殻文土器文化と呼ばれる文化です。地中海沿岸部のあちらこちらに点々と遺跡があります。土器は貝殻によってつける文様を特徴にしているので、この名前で呼ばれます。基本的には平底の鉢形の土器です。深い鉢もあれば、浅い鉢もあります。貝殻の縁を引きずりあるいは押付け文様をつけていますが、中には英語で「ロッカー・スタンプ」、中国では「之字文」と呼ばれる貝殻の縁の両端を交互にもち上げながら押し付ける方法による文様もあります。

貝殻文土器文化には農耕と牧畜の要素は希薄です。それ以前に各地にあった土着の採集・狩猟・漁労を基にした文化の中に、土器が新しい要素として加わったとすることができるでしょう。土器のほかに、新石器文化に由来する石器もみられますが、これ以外の新石器文化的なものはありません。また、土器や新しい石器が入っても、それまでの文化内容にほとんど変化はありません。それぞれの地域の従来の文化が、そこの自然環境の中に適応していたことを示しています。

この文化には、まず牧畜の要素がみられるようになります。とくに北アフリカの西側の乾燥地帯では、ヤギとヒツジの牧畜だけが取り入れられた様相が明らかな遺跡もみられます。ここでも、狩猟や採集が従来どおりに行われている中に、牧畜が入るという状況です。一挙に牧畜だけになるわけではないようです。

南ヨーロッパでは、まず牧畜が取り入れられ、徐々に農耕の要素が入ってくるようになります。おそらく5000年前のころかと思われます。ダニューブ文化が拡散した地域よりもはるかに遅れた農耕化になります。地中海性の気候ではありますが、かなりの乾燥地を含んでいるので、こうした結果になったものと思います。このように、西アジア起源の農牧の拡散といっても、さまざまな形で広がったのです。ただ、調査例も限られているので、詳しいことはわからない状況です。

5　ヨーロッパの広域に農耕定着

5000～5500年前までには、西アジアから二つの道で拡がった農牧文化を基礎にした農耕文化が、北ヨーロッパを除くヨーロッパ全域に定着します。麦の農耕とヤギ・ヒツジかウシの牧畜の組み合わさったものです。麦は粉にして焼いてパンとして食べられていました。製粉は鞍形石臼です。鞍形石臼はヨーロッパの中で若干変容しているものも出現しますが、基本になる機能は変ってはいません。

ダニューブ文化のときに一気に拡散したので、ほぼ均一であった文化内容は、時が経つにつれ次第にその土地の自然環境によりよく適応するために変容し、地方色が目立つようになります。ヨーロッパの各地に種々の内容をもった新石器文化が出現し、それぞれの土地にあった生活が成立します。

豊穣を願う思いが作らせたとされる地母神と呼ばれる土偶、さまざまに石を配列したストーン・サークル、ドルメン、メンヒルなどの巨石記念物、一部には巨石記念物を配することもある種々の内容をみせる集団墓、防御を固めた砦とされる施設など、各地域で特徴のある遺跡がみられるようになります。新石器時代の後半には、内部に大型の石室を納める石室墳も出現します。土器も、ベル・ビーカーと呼ばれる土器のように広域にみられるものと、限られた範囲にしか分布しないものとがあります。

スイスなどの湖沼地帯には、湖上の杭の上に作られた湖上住居とか杭上住居とか呼ばれる特殊な住居も作られます。ここは湖の湖面が季節的に変動するので湖面が低下したときには、湖の底にある数多くの湖上住居関連の遺物が姿を現します。そこには多くの木製品や繊維製品などの有機質の遺物を含むものがあります。

地域によっては、階層化した社会になったと思わせる状況がみられます。大型の石室墳などはそうした典型的なものでしょう。地域ごとの社会の成熟度には大きな違いが生じているものと思います。ダニューブ文化が展開したときにはほぼ均一であったヨーロッパの社会も、その後の展開で地域による違いが大きくなったものでしょう。

この後は、地域による違いがさらに加速します。ヨーロッパ南東部のエーゲ海周辺では、5000年前に青銅器が現れ、4000年前には都市と呼ぶことのできる遺跡が出現します。そのときの西アジアの影響がすぐに現れるからでしょう。地中海東部沿岸地帯やエジプトとの交流が密です。相互の交渉を示す遺物がそれぞれの場所で発見されています。イタリアでは3000年ほど前に都市がみられるようになりますが、ほかのところはローマ帝国による都市までみられません。これらのすべての基礎に西アジア由来の農牧があります。

6　北アフリカ・南アジア・中央アジア

これらの地域には、ヨーロッパと同様に西アジアに起源のある農牧文化が拡散します。麦の農耕とヤギ・ヒツジの牧畜です。それらを組み合わせた形で拡散するか、あるいはそのどちらかが取り入れられるかの違いはありますが、いずれにしても西アジア起源のものの拡散です。麦の農耕を取り入れたところには鞍形石臼があります。麦は粉にして焼いてパンとして食べたのでしょう。

これらの地域に共通しているのは、西アジアと同様に冬雨の地中海性気候帯に属していることです。それぞれの地域により、また地域の中でも雨量や気温には大きな違いがありますが、ヨーロッパと異なり乾燥した草原や砂漠が優先する地域です。いわば、西アジアに近い気候条件をもっている地域です。森林地帯に拡散するために必要とされた変容はしないですみます。その地域にそれまでにあった狩猟·採集·漁労の生活、あるいはそれらに加えて部分的に存在した可能性のある独自の原初的な農耕に置き換わる形で、西アジア起源の麦の農耕とヤギ·ヒツジの牧畜が組み合わさるか、あるいはいずれかが拡散します。7000年前から7500年前くらいの間でしょう。これらについてみていくことにしましょう。ナイル川流域を除く北アフリカについては、貝殻文土器文化の項ですでに触れています。

7　ナイル川流域

ナイル川流域とその周辺には、独自の農耕化と牧畜化の試みがあった可能性があります。1980年代ころに提唱されたもので、麦の栽培とウシの飼養が時期を別にして、また異なる地域で提唱されました。麦の栽培の方は、ナイル川の側の遺跡から出土した麦の粒を加速器質量分析による炭素14年代で年代測定した結果、きわめて新しい年代が出たので、仮説そのものが取り下げられ今日に至っています。しかし、私は今でも興味深い仮説だと考えています。ウシの飼養は、ナイル川の西に広がる砂漠の中のオアシスで少量のウシの骨が出たことからいわれたのですが、これもその後の検証は進んでいないようです。この地点でも穀物栽培の可能性があります（図17）。完新世のはじめに湿潤化したサハラ砂漠およびナイル川流域という背景の中で出てきた仮説です。ここに土器の出現が加わる可能性があります。西アジアの農牧とは別のこうした試みが各所にあった可能性がありますが、今日につながる農牧ではありません。現在行われている各地の農牧の系譜とは別の系譜でそれは途絶えてしまったものがほとんどです。

7500年ほど前に、ナイル川流域には小麦を含む麦の農耕とヤギ·ヒツジの牧畜が組み合った形でみられるようになります（図17）。土器もあ

図17　ナイル川流域への展開

ります。西アジア起源のものです。この農牧文化は速い速度で展開していきます。ナイル川流域は、世界の中でも一級の乾燥地域です。中下流域はほとんど降雨がなく、自然の雨を利用した農耕・牧畜は不可能です。ナイル川の両側10㎞ほどを除き、その外の東側も西側も砂漠になっているのをみれば、このことがよくわかるでしょう。ナイル川に沿ったわずかな土地の外側は、人も植物も動物もよせつけない場所なのです。

ここで農牧を行うことができるのは、ナイル川の季節による増水と減水を利用するからです。ナイル川は上流域が夏雨地帯です。夏に降った雨は、秋口に中下流域に到達して周囲の土地を水浸しにします。秋が深まると減水して水分と栄養分を十分に含んだ土地が現れます。冬作物である麦をこのときに播き、水分のある間に成長させ、乾燥した春に収穫をする、こうした作業で麦の耕作が可能になります。牧畜も耕作地周辺の河畔で主に行ってきました。

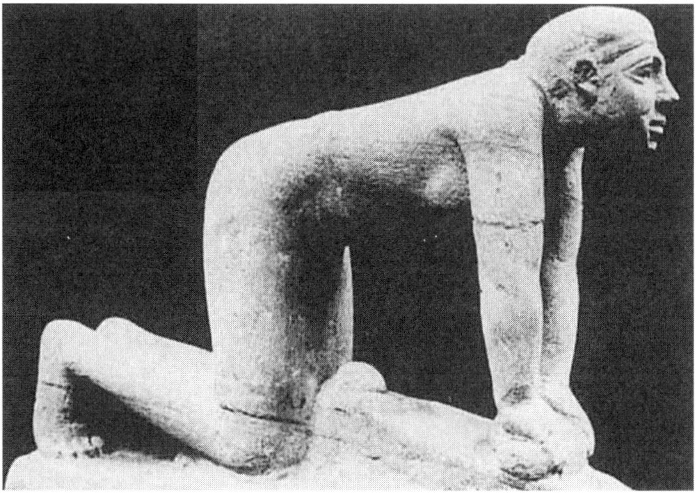

写真11　鞍形石臼の使用（エジプト王朝時代の墓の副葬品、第6王朝）

こうした形で行われる農牧を基礎にして、ナイル川流域の文化は順調に展開していきます。西アジアからもたらされた新石器文化、それが発展して階層社会になった先王朝時代の文化、さらに国という機構ができ上がり文明化した王朝時代の文化と続きます。王朝時代はほぼ5000年前からはじまります。

麦は製粉されて、焼いてパンとして食べられていたことが、王朝時代の各期の墓に入れられている人形からわかります。エジプトでは来世の信仰がありました。墓に納められた人が来世でも安心して暮らせるように、現世のさまざまな状況に応じた人形が墓に入れられています。その中に、鞍形石臼を使って製粉している有様を模したかなりの数の人形が含まれています（写真11）。また、パンを焼いている姿のものもあります。鞍形石臼の具体的な使用法が示されているだけでなく、製粉とパン作りが現世においても生活の重要な要素と考えられていたことも示しています。

このようにエジプトでは、西アジア起源のものをもとにしてナイル川の季節による増水を利用した農牧が発展し、5000年ほど前には国と呼べるものが現れます。ここでは都市ははっきりしませんが、国を維持するためのいろいろなものが現れています。文明と呼ぶことのできるさまざまなものが出現します。

8　南アジア

南アジアにも幾何学形細石器を含む石器群がみられますが、生活の内容および詳しい年代は不明です。そこでどのような定住に向けての試みがあったのかもわかりません。インダス川流域は、西アジアに起源をもつ農牧文化が波及してきて定住化がなされたと考えられます（図18）。この時点で西アジア起源の農牧の到達したもっとも東の地域です。一方、

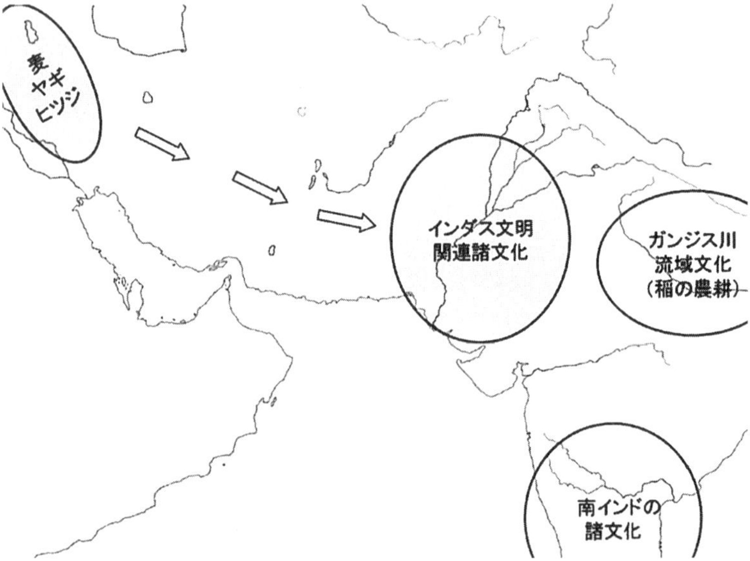

図18　インダス川流域への展開とガンジス川流域および南インドの状況

ガンジス川流域では、年代ははっきりしないのですが、おそらく4500年前ころに稲作を独自に開始し、定住するようになったのではないかと思われます。デカン高原周辺の様相はさらにわかりません。雑穀と総称される穀物が独自に栽培化されたという考え方もありますが、考古学的な証拠は乏しいというのが現在の状況です。

インダス川流域は乾燥地帯です。砂漠もかなり広がっています。冬雨といっても、より西の地方ほどはっきりしたものではなくなっていますが、冬には雨が降ります。西アジア起源の麦の農耕とヤギ･ヒツジの牧畜が組み合わさった形で、イランとアフガニスタンを経由して6500年ほど前にインダス川の平原に現れます。アフガニスタンや山麓地帯には、より早い時期に到達していたものと考えられます。アフガニスタンからインダス川沿いの平原に下る中間地帯に先インダス文化と総称される文化があります。彩文土器を豊富にもつ文化です。文様には独自の文様が施されています。土器の形も特有のものがあり、土器の展開には独特のものがあります。インダス川流域でも鞍形石臼がありますので、麦は粉にして焼いてパンとして食べられたものと考えられます。そのほかの生活の様子はよくわからないことが多いのです。これは、同じ系統に属する文化のいくつかの段階を経て、ハラッパやモヘンジョダロを代表にするインダス文明の母体になります。

9　中央アジア

中央アジアの農耕以前の様相はほとんどわかっていません。幾何学形細石器を含む細石器はありますが、それがいつごろのものであり、どのような生活をしていたのかなどはほとんど不明です。他の地域にみられるような定住に向けての動きは今のところ認められていません。イラン高原経由で西アジア起源の農牧文化が7000年ほど前から現れます。これが定住化を示すはじめての事例です。

イラン高原の北の麓にあるオアシスを主にして、西アジア起源の農牧文化が、麦の農耕とヤギ・ヒツジの牧畜が組み合わさった形でみられるようになります。このあたりも草原が優先する環境ですので、自然環境の条件は故郷である西アジアと類似しています。比較的湿潤なオアシスの周辺で農牧文化として定着します（図19）。ジェイトゥン文化などと呼ばれる文化です。イラン高原の北の麓を起点にして周辺に徐々に農牧文化として拡大していくようです。資料は多くはありませんが、鞍形石臼を使っていたものと思われます。他のところと同じように、麦は粉にして焼いてパンにして食べていたものと考えられます。

これらの文化には、当初、彩文土器があります。幾何学文を主にするもので、形は平底の鉢形土器が中心になります。かなりの数の幾何学形を含む細石器がありますので、牧畜に加えて草原の動物の狩猟もかなり行われていたのでしょう。土を主にして作られた住居も発見されていますので、定住していたことは間違いがないものと思われます。やがて土

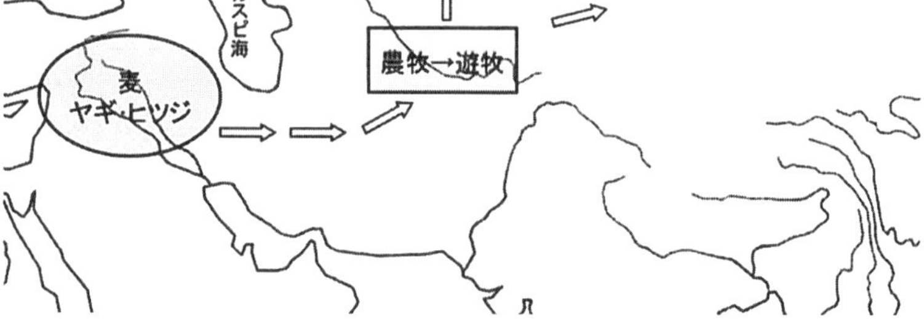

図19　中央アジアへの展開と遊牧の拡散

器から彩文がなくなり、棒状の工具で突き刺したり引っかいたりして幾何学文をつける土器に変わります。そのころから丸い底の土器が主要な土器になります。

中央アジアでは、麦の農耕ができる湿潤な土地はオアシスの周辺に限られています。オアシス周辺の外側の草原は乾燥していて農耕は困難です。ここでは牧畜しかできないことになります。一ヵ所に定住して牧畜をすることは、家畜の頭数を増やそうとすると牧草地の問題があり、多くの難しい問題に直面することになります。季節ごとに草のあるところに家畜を連れて行き放牧により飼養する、遊牧という方法によってこの問題は解決することができました。6000年ほど前にレヴァントで確立したと考えられている遊牧による牧畜が、中央アジアの草原地帯で4000年ほど前に農耕から分かれた形で誕生したものと考えることができます。その後、周辺地域の草原地帯に広く拡散することになります（図19）。

ユーラシア大陸の北部に広がる草原地帯におけるヒツジを主にした遊牧は、ここから展開したとする考え方があります。また、はっきりとはわかりませんが、騎馬の風習もここから広がったとする考え方も有力です。どちらも西アジア起源の農牧に関連するものとして重要な意味をもっています。

10　西アジア起源の文化の波及

これまでの項でみてきたように、西アジア起源の麦の農耕とヤギ･ヒツジの牧畜は、ヨーロッパ、北アフリカ、南アジア、中央アジアの諸地域に受け入れられ、その地の農耕と牧畜の基礎になり、各地の定住化を促しました。拡散したそれぞれの地域で、西アジア起源の麦の農耕とヤギ･ヒツジの牧畜は、その土地の自然環境と地形に応じてさまざまに変容しました。さらに、それぞれの土地に根づく中で内容を変化させました。そうした中で、拡散して変容した文化や社会は相互に交渉をもつようにもなります。そのような地域間の交流によっても、さらなる変容が生じます。

しかし、西アジアで作られた基本の形は変わりません。それは麦の農耕と乳と肉を供給する動物の牧畜という組合わせからなるものです。地域によっては、農耕もしくは牧畜のどちらかが欠落する場合もありますが、それは少数の例外です。もう一つの基本形があります。それは麦作農耕をするところでは、どこでも麦は粉にして焼いてパンとして食べられることです。さらに製粉具としては鞍形石臼が用いられています。

ほとんどの地域で、5000年前までにはその後の各地域の社会の展開の前提になるものが確立しています。この前後の時期に、レヴァント南部や中央アジアの一部地域では、農耕の要素が欠落して遊牧という形態の牧畜による暮らしがなされるようになります。これも西アジア起源の農牧の中から出てきたものです。あるいは北アフリカの一部地域も、これに入るのかもしれません。遊牧というのは、定住という概念からも外れることになりますが､農牧による定住化の流れの中で出てくる形態です。見方を変えれば、定住化した社会が別に存在するから可能な暮らし方ということもできるでしょう。相互補完することが可能な定住している村落が存在しないと、成り立たない生活方法でもあります。

忘れてはならないことは、こうした拡散は気候にも恵まれていたことです。5000～7000年前にその最盛期を迎えた気候適期とこれらの拡散は結び付いています。全地球的に、現在よりも湿潤で温暖な気候が支配していたのが気候適期です。乾燥地帯では湿潤が大きく作用したでしょうし、緯度の高いところや標高の高いところでは温暖が拡散の手助けをしました。気候適期が終わる4000年前以降、その対応に苦しむ地域が少なくありません。

こうした西アジア起源の農牧によって展開した各地の社会は、ほとんどのところで階層化した複雑な社会を構成するようになります。そうした中で条件の整ったところでは、文明という段階に到達します。文明の条件にはさまざまなものがありますが、都市の出現、階級社会、社会的分業、文字の発明、金属器の導入などが代表的なものでしょう。

西アジアの故郷では、5500年ほど前にこの段階に到達したとすることができるでしょう。ナイル川流域では、5000年ほど前に文明の段階に入ったということができます。ここでは都市の遺跡はほとんど確認できません。しかし、都市に匹敵する種々の施設がこの時期に作られています。インダス川流域では、4500年ほど前に文明と称することのできる状況になります。やや遅れますが4000年ほど前にエーゲ海周辺がエーゲ文明と呼ばれるようになります。すべてのところで前述の条件にあてはまるわけではありませんが、総合的にみて文明の段階に到達したと考えて大きな誤りはないと思います。

私自身は、文明の条件の中でもっとも重要なのは都市の出現ではないかと考えています。人々の中のかなりの人数が、自らの食料の生産現場から離れて都市に集まって住み、社会のために必要な役割を果たすようになる。これは人の歴史の中で画期的な出来事と考えています。人の歴史は、住み方によって区分するのが一番わかりやすいと考えてもいます。それは、移動生活（旧石器時代）→定住生活（新石器時代）→集住生活（都市の時代）→密住生活（過密都市の時代）と区分するのがもっとも妥当だと考えています。その第3段階の集住生活が都市の出現ではじまるのです。

11　文明の成立

先に文明の条件について概略を述べましたが、5500年前から4000年前にかけて世界の各所で文明と呼ぶことのできる例が出現します。よく四大文明などという言葉が聞かれますが、メソポタミア文明、エジプト文明、インダス文明、黄河文明です。これにエーゲ文明を付け加えることもできましょう。四大文明の中の3文明、それにエーゲ文明を入れれば、4文明が西アジア起源の農牧から出てくるものです。これらについて簡単に触れておくことにします。いずれの場合でも、その基盤になる農牧、とくに農耕がしっかりと安定していることが必要です。

メソポタミア文明は、西アジア起源の農耕が潅漑の導入により、ティグリス·ユーフラテス両河地帯の平原部に進出し、大規模な農耕を繰り広げた結果、誕生した文明です。ウバイド文化で達成されていた社会が、もう一段と成長した姿をみせています。西アジアの場合には、自然環境の条件から、個々の村落がすべての日常必需品を自給自足できるかといえば、必ずしもそうではありません。むしろ個々の村落はそれぞれが役割分担をしていたと考えられます。必然的に個々の村落の間には交易が必要になります。周辺の村落からほどよい距離に交易の場が求められます。地域ごとにその地域の交易の中心が出現します。そこには宗教施設も設けられます。しだいに交易だけでなく、さまざまな面で地域の中核的な位置を占めるようになっていきます。

5500年ほど前にウルクが、周辺の交易の中核として成長してきた大規模な拠点的な村落の中から抜きん出た存在になり、規模も都市と呼ぶのにふさわしい大きさになります。ウルクは単に地域の中心であるだけではなく、西アジア全域といってよいほどの範囲を緩やかに傘下におさめていたと考えられています。メソポタミア平原、西アジアの農牧の故郷である「肥沃な三日月弧」である山麓地帯を、ウルクが作った資源獲得拠点や友好都市により治め、さらにその周辺にある高原地帯や山岳地帯にも資源獲得の手を伸ばしていったとされています。

平原地帯ではウルクだけが都市になったのではありません。そのほかにも、それぞれの地域の拠点的な村落が都市とすることのできる規模に成長しています。各都市は、都市国家と呼ばれるものの中核になっています。ウルクが巨大化したといってもそれは全域を強固に治めるという形のものではありません。ウルクが緩やかに各都市の頂点に立ったという性格のものでしょう。すべての都市や村落が交易を通して結び付いて、一つの共通性のある文明を形作ったものでしょう。

都市の中には巨大な宗教建築も作られます。地域で求められる手工業的な製品も作り出す役割も担います。それぞれの地域の中核の位置を強固なものにしていきます。このようにして、社会がいろいろな面で複雑化します。複雑化した社会では、それを管理する機構が必要になります。地域の管理のためには記録なども必要です。そのための文字が現れます。都市には人が集まり住みむため、食料をはじめとして多くの物資が運搬されなければなりません。それまでにはなかった多くの新しい組織が必要になります。こうして従来の社会とは多くの面でかけ離れた新しい段階に入ることになります。

ナイル川流域のエジプト文明の場合には、やや異なる側面があります。5000年前を前後するころ王朝時代に入ります。西アジア起源の農牧を基礎にしたものです。ナイル川流域では、人が居住することのできるのは川沿いのごく限られた範囲です。川沿いに幅は狭いけれどたいへんに長いほぼ等質の農地が広がっています。下流部でも中流部でも自然環境の条件はほとんど変りません。それぞれの地域の小さな範囲をとっても、そこでは生態系においても地形においても同じような土地になります。それぞれの村落は似たような生活をしていたのでしょう。西アジアとは大きく異なります。西アジアで生活に必要であった交易は必ずしも必要とはされません。これは社会の展開にも大きく影響をしたものと思われます。

神殿や葬祭殿などの壮大な宗教施設やピラミッドなどの王墓をはじめとする埋葬施設には巨大な建築がみられますが、都市と呼べるものは、一部の例外を除きほとんど確認されていないのが、この文明の大きな特徴といえます。そもそもなかったのか、確認できないだけなのか、議論があるところですが、ここでは交易拠点が生じる必然性には乏しかったということは少なくともいえるでしょう。文字による記録が豊富で、それから説き明かされることもたくさんあります。壮麗な建築物や優美な遺物に目を奪われ、日常的な暮らしの詳細な状況や人々の具体的な社会の究明は必ずしも進んでいない状況にあるといってもよいでしょう。

インダス文明は4500年ほど前から明確な姿を現します。やはり西アジア起源の農牧を基礎にしたものです。先インダス文化と総称される文化から展開してきた文明です。公共施設などに配慮した都市としての設備の完備したハラッパとモヘンジョダロの二大都市を中心に解明がなされてきました。ほかにも大小の都市が各地にあったことが明らかにされています。都市がどのようにして成立するようになるのかは、まだよくわかっていません。調査も中核部分についてはかなり行われていますが、全体としてはとても十分とはいえず、断片的な研究にならざるをえないところがあります。また、その文明の内容は文字による記録がないために進んでいない部分があります。

エーゲ海周辺の地域には、5000年前までには青銅器が現れます。これも西アジア起源のものが伝わり定着したものです。ヨーロッパの中では、いち早く青銅器時代に入ります。ギリシア本土のあるペロポネソス半島、クレタ島、キクラデス諸島などの地域です。クレタ島を中心にするミノス文明、ペロポネソス半島のヘラドス文明、キクラデス諸島のキクラデス文明を総称してエーゲ文明とするのが一般的です。これらは相互に交流をもちながら展開します。それだけではなく、エジプトや西アジアの地中海東岸地域とも密接な交流をもっています。土地は必ずしも肥沃ではありませんし、農耕や牧畜を効率よく行える広い土地にも欠けています。海上交易がエーゲ文明の大きな一つの柱であったと考えられています。他の文明の中心になる遺跡が、いずれも大河のほとり近くにあり、河川交通の要衝であったと考えられるところに位置しているのに対し、エーゲ文明の遺跡は地中海に近いところにあります。海上交通の結節点にあったと考えることができます。4000年ほど前には、ここに都市と呼ぶことのできるものが現れます。

エーゲ文明の大きな役割は、先進地域であるエジプトや西アジアの文物を交易により手に入れ、それを消化しヨーロッパに送り出すことにあったと考えることもできるでしょう。先進地域とヨーロッパをつなぐ媒介者という性格です。海上の地中海交易をつかさどるものとしてのエーゲ文明の役割は大きかったということができるでしょう。

4 文明のごくあらましをみてきました。それぞれの文明の根は、すべて西アジア起源の農牧にあるのですが、それの波及後のそれぞれの土地における社会の展開によって、また、それぞれのおかれている生態系の位置によって、大きく内容の異なる文明が出現していることが明らかになっています。まさに多彩な展開を遂げているといえましょう。

12　気候の悪化

4000年前ころから気候は冷涼になり、乾燥地はより乾燥が激しくなります。気候適期の終りです。現在の気候の状態と近くなったとされています。気候適期の温暖で湿潤な気候のもとに各地に定着していた農牧は、大きな試練に直面することになります。それぞれの地域の中核部分は、それまでにしていた自然環境との対応を少し変更することによって適応することができますが、縁辺部ではそうはいきません。生業や生活の大幅な変更を余儀なくされます。そうした例を各地でみることができます。

気候適期の終りは、二つの方向で気候が悪化します。高緯度地方や標高の高いところでは気温の低下です。乾燥地域では乾燥がより激しくなります。気温の低下によって、従来の生業が困難になったのは中央ヨーロッパや東ヨーロッパです。ここには、麦の農耕とウシの飼養が気候適期には定着していたのですが、気温の低下により主要作物であった小麦を作ることが困難になりました。そこで小麦の雑草として畑に生えていたライ麦、裸麦、オート麦あるいは大麦などの栽培に転換します。主要作物の転換です。これは今日にも伝わり、中央ヨーロッパ、東ヨーロッパ、北ヨーロッパなどの気温の低い地域の主要作物になっています。ヨーロッパの黒パンやオートミールという食物のもとになり、その地の食の体系を形作ることになったのです。このほか、標高の高い地域では麦の農耕を取りやめたところも出てきたようです。草地でヤギやヒツジあるいはウシの牧畜を主要な生業にするところも現れました。

一方、乾燥地域ではより乾燥が進んだので、それへの対応に追われます。メソポタミア平原では麦を潅漑農耕で栽培していたのですが、乾燥が進んだので灌漑用水を増やす方向で対応しました。その結果、灌漑用水に含まれている塩分が畑に溜まり、塩害をひき起こすことになりました。それまでの主要な作物であった小麦は塩害に弱く栽培することが難しくなりました。小麦に替えて、塩害に比較的強い大麦を主要作物にして対応しました。これも今日にまで伝わっています。潅漑をしないで作物を作っていた地域では潅漑農耕に替える、農耕から牧畜に主要な生業を変えるなどの措置で対応を図りました。

北アフリカの乾燥地帯では、西アジア起源の農牧の到来以降、それらに完全に切り替えることなく、従来の暮らし方の中にそれらを取り入れて暮らしている地域もありました。従来行っていた採集･狩猟･漁労に麦の農耕とヤギ･ヒツジの牧畜です。周辺の種々の生態系の中でこれらの生業を使い分けながら暮らしていたのですが、乾燥の進行でそれが困難になりました。多くのところでは、採集･狩猟･漁労は取りやめ、オアシスのすぐ近くの比較的湿潤なところで農耕を、その周りの草原で牧畜をという形に変わっていきました。

このように、気候の悪化は多くの地域の人々に大きな影響を与えました。このような対応で何とか従来の暮らしの延長上で対応できたところはまだよいのですが、対応し切れなかったところでは、従来の居住地から完全に撤退してしまった例もないわけではありません。今日まで無人に近い状況で遺跡だけが遺されている場所もあります。

13　製粉具の革新

8000年ほど前に西アジアで出現した鞍形石臼は、製粉具の主役として麦作農耕が拡散した地域全域で使われていました。その改良型も現れなかったわけではないのですが、あまり普及はしなかったようです。そこに大きな転機が訪れるのは畜力の利用です。鞍形石臼の上臼も下臼も平らにし、磨る面に刻みを入れ、上臼には粒の麦を大量に供給できる受け口をつけ、上臼に長い棒をつけ、それを家畜につなぎ家畜を前後に動かすという方法です（図20）。製粉の自動化には至りませんが、労力は大幅に軽減されます。上臼も下臼も大型になっています。家庭用のものではなく、業務用とでもいえるものです。

ここまでくると、製粉具の革新の方向は明らかです。まず畜力利用の大型の製粉具を目指す、次に断続してしまう前後運動ではなく連続した運動を可能にする、最後に麦を置く部分は大型にする、という方向で製粉具は革新されます。二つ目の条件は、回転運動を取り入れることで解

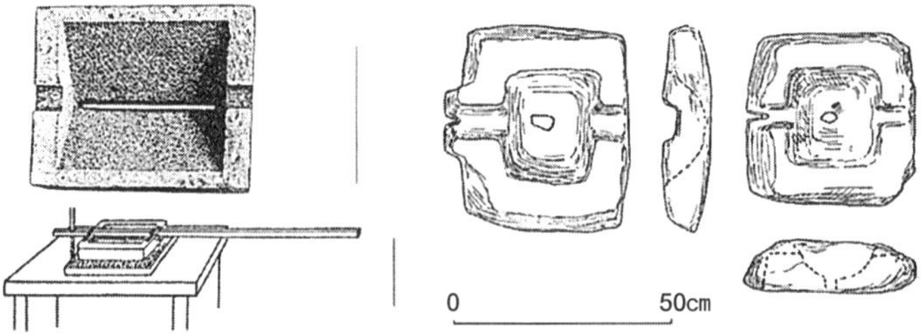

図20　ギリシア(左上)とトルコ(右)の押し臼(pushing-mill)（左下は使用想定図）

決されます。他の条件は、すでにある程度整えられていたものですので、畜力利用の大型の回転臼が出現します。時期ははっきりとはしないのですが、およそ3000年前ころかと考えられます。場所はトルコかギリシアではないかとされています。

ここでできあがったのは回転臼ですが、けっして一般家庭で用いるものではありません。大型の業務用として使用するものです。都市のような人が大勢いるところでは、こうした大型のものを使う施設はすぐに出現するかもしれませんが、人のあまりいないところではその恩恵にあずかることはなかなかできません。そうしたところでは、従来どおり鞍形石臼を使うことが行われていたものと思います。

畜力利用の大型の回転臼は、次第に周辺にその使用が広がりますが、あくまでも大量に粉をひくものですので、人の多い町場のものです（写真12）。やがて小型の回転臼も作られるようになり、南ヨーロッパを主に普及していきます。ローマのカエサルの軍団は兵士数人に一つの小型の回転臼をもって遠征していたともいわれています。この時期には小型の回転臼が普及していたことを示すものでしょう。

14　粉屋とパン屋

麦の製粉は労力も時間もかかり、個人でそれをすることは、たとえ効

写真12　ローマの回転臼（家畜が動力）

率的な製粉具である鞍形石臼を使っても大きな負担でした。そのことは、20世紀中ごろの北アフリカの遊牧民の民族誌でも知ることができます。移動生活が通例の遊牧民の間で重い鞍形石臼が使われていたこともありますが、運搬の問題は駱駝を使った移動ということで大きな問題ではなかったようです。問題はむしろ毎日製粉に長時間かかることでした。毎日3時間ほど家族のパンを作るのに製粉をしなければならなかったと記録されています。20世紀の半ばに鞍形石臼の使用は終るのですが、それは粒の麦に替わって、粉になったものを町で買うようになったのが理由だというのです。現代に近い時代でも、鞍形石臼の終りが粉を買うようになるというのですから、自家製粉と粉の購入もしくは専業の粉屋のあり方をみせてくれている思いがします。

パンは製粉をすればでき上がるものではありません。粉に水などを混ぜ、捏ねて寝かせて焼かなければ食べられません。短くても1時間はかかります。醗酵の過程が入れば、さらに長くなります。食事の準備の時間が大きな負担となっていたことを示しています。その中でも大きな時間の負担が製粉にあったのです。これの軽減は切実な願いだったと思われます。

前項で回転臼の出現が、大型のいわば業務用として登場したことを述べました。西アジアやギリシアでは、この大型の畜力利用の回転臼を使用して粉屋が出現します。製粉は重労働であり、先にみたように多くの時間もかかります。家庭内の製粉の労力と時間を省くためで、多くの客を集めたことでしょう。その後、粉屋は広い範囲に広がります。家庭内の労働は粉屋の成立で大きく軽減しました。

製粉と同じように、パン作りも多くの時間がかかります。醗酵パンになれば、より長い時間が必要になります。ほしいときにほしいだけパンが買えるようになれば、家庭内の時間には多くの余裕が生じるでしょう。そうしたことで、ギリシアの諸都市にはパン屋があったことが知られています。ローマでもパン屋があったことは知られています。その具体的な証拠がポンペイなどで出現しています（写真13）。ポンペイには、畜力利用の回転臼多数とパン焼竈のあるパン屋の跡もありますし、絵やモ

写真13　ポンペイのパン屋（左にパン焼竈、右に回転臼）

ザイクの題材にもなっています。そこにはパンを求めて集まる客の姿も描かれています。パンは平らな丸いパンのようです。膨らみ具合からみると醗酵パンではないかと思います。このようにヨーロッパの食の体系は、2000～3000年前に決まったものと考えられます。

15　中国北部への展開

中国北部では、農耕を開始したときには、中国の北部の草原地帯で独自に開発した粟と黍を作っていました。それをはじめは磨盤・磨棒という鞍形石臼と類似した道具で粉にして煮て食べていました。次いで穀物煮沸用の土器が現れ、粒のまま煮て食べるようになりました。調理法の大きな転換です。中国の黄河文明はこれを基礎に成立したものでしょう。

そうした中に、3000年ほど前に西の方から大型の畜力利用の回転臼を伴う形で小麦の農耕が現れます。その詳細な様相はまだよくわかりません。小麦の農耕は次第に粟と黍の農耕にとってかわります。どちらも草原に由来する穀物です。遅くとも漢代には、華北平原を巡る地域では小麦の農耕が主要なものになっていたものと考えられます。西アジア起源の小麦の農耕が、中国の北部にその加工法とともに姿を現したということができるでしょう。大麦に関しては、これより古い年代の出土が報じられています。小麦とは別に考える必要があるのかもしれません。大麦の中央アジア近辺での独自の栽培化を考える意見もあります。今後の検討が必要です。小麦に関しても、より古い年代の拡散を主張する考え方もあります。しかし、小麦が粟と黍にとってかわる形の転換は、3000年前以降のことと考えています。

中国北部では、小麦を回転臼で粉にはしますが、焼いてパンとして食べるのではなく、蒸したり煮たりして食べてきました。穀物を煮るというのは、農耕が開始されて以来の中国の伝統的な食べ方です。西アジア起源と考えられる小麦の農耕とそれを粉にするという加工法までは受け入れましたが、調理法は伝統的なものを維持するという受入れ方と思われます。こうした食べ方は、現在でも華北で主として食べられている麺と饅頭につながるものとすることができるでしょう（図22参照）。

中国の北部では主要な穀物が、その地で独自に農耕化された粟と黍から、西アジア起源と考えられる小麦に替わっています。また、穀物の加工法としては、当初は粟や黍を粉にして、ついで粟や黍を粒のままに替わり、最終的には小麦を粉にして利用しています。粉食から粒食になり、また粒食から粉食に戻っています。調理法については、終始煮るもしくは蒸す方法をとっていて変化はありません。主要な穀物の種類と穀物の加工法および調理法は、一度食の体系がそこの地域に根づくと大きく変わることはきわめて珍しいことです。ここでは２度の転換がみられます。

中国の食の体系は、2000年ほど前に定まったと考えられます。長江以南では、既にみたように稲をコメにして粒のまま煮て食べる方法が、農耕開始以来ずっと変わらずに続けられ現在に至っています。これに魚を組み合わせる体系です。長江以北では、農耕開始以来、紆余曲折がありましたが、小麦を粉にして煮るもしくは蒸して、麺や饅頭として食べるものです。これにブタが組み合う体系です。この体系になってからは変化がありません。周辺には、粟や黍の農耕がその後もみられるところ、大麦が主要な穀物として作られるところなど、いろいろな食の体系をもつ地域があります。中国の主要部分では、ほぼ2000年前にでき上がった体系が基本的には維持されます。

第7章　世界の食文化

1　世界の食文化

通信と交通手段の大幅な整備によって世界は一つになりつつあり、世界中に国境を越えた食べ物が氾濫するようになっています。とくに大きな都会では、さまざまな地域に起源をもつ食事が提供され、いくつかの地域に根をもつ食べ物を合わせた国籍不明の料理も誕生しています。また、何とか料理と銘打ってはいても、それが提供される地域の好みに合った形に変形している例も数多く認められます。外食や中食などと呼ばれる、でき上がった食材を買う食生活が世界中で盛んになってもいるようです。その一方、スローフード運動という形で食事における家庭の手作りの復権を主張する動きもあります。多彩な食が世界に溢れています。

その基をたどれば、穀物としては東アジアの稲と西アジアの麦およびアフリカ原産のミレットが主要なものはなるでしょう。それに16世紀以降に新大陸原産のとうもろこしが加わることになります。このほかに多くの穀物が栽培化されたでしょうが、ごく限られ範囲で栽培されるか消滅したかで、現在は大規模に作られてはいません。

穀物の加工法としては、その基本は粉にするか粒のままかということになります。粗引きというような方法もありますが、大きく分ければ粉か粒かになります。それも粉にするところが圧倒的に多いということができます。現在、粒のまま食べているのはコメがほとんどで、他の穀物はほとんどが粉にして用いられています。

粟や黍は中国の北部などで一時的に粒食されたことがありますが、粉にして用いることもあります。現在でも両方あるようです。蕎麦を粒食している地域もないわけではありませんが、やはり粉にして使う方が主流です。麦は基本的にはそのすべてが粉食といってよいように思われます。オートミールのように粒食に近い食べ方もありますが、粉食が圧倒的です。粉にして食べるには製粉具が必要です。アフリカ原産のミレット類も粉にして食べるのが主流です。

穀物の調理法としては、大別すれば焼いて食べるか煮て食べるかになります。煮て食べる中には蒸す方法も含みます。油で炒める、油で揚げる、熱湯を注ぐなどの方法もありますが、これも広義の煮る範疇に含めたいと思います。焼くという方法をとるのは、パンおよびパンから派生したものといってもよいでしょう。麦が主体です。

煮るためには何らかの容器が必要になります。現在では金属製のものが主流ですが、長い間、それは土の焼き物でした。土器や陶器がその主役でした。煮るというのは、水もしくは何らかの液体の中で調理するのですから、耐水性と耐火性を兼ね備えた容器が求められます。両者を合わせもっているのが、古くは土器、新しくなると金属器になります。

穀物の加工法と調理法を合わせてみると、古く成立したコメを粒のまま煮て食べる方法、つまり「ごはん」もしくは「おかゆ」として食べる方法と、麦を粉にして焼いて食べる方法、つまり「パン」として食べる方法が、穀物の食べ方の代表的な方法ということができるでしょう（図21）。この二つの方法は、現在の世界でももっとも普遍的な方法として使われ続けています。多様な食生活が世界中でなされるようになっていますが、その基本は伝統的な食生活です。ごはんとパンのもとになる稲と麦は世界の穀物生産量の4分の3を占めています。

そこから多様に派生して、さらにそれらに組み合わされるものがさま

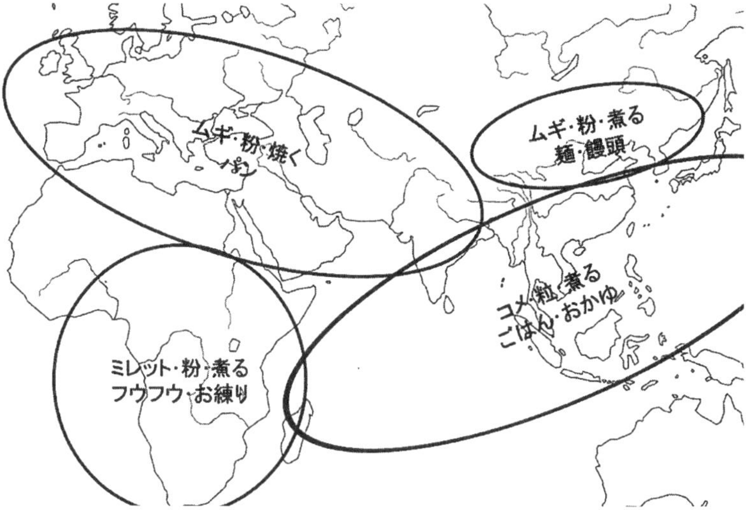

図21　世界の主要穀物とその調理法（石毛直道編 1973をもとに作図）

ざまに加わり、多様な展開を遂げたとすることができましょう。麦を粉にして煮て食べる方法もこれらに次ぐものとして麺や饅頭として中国の北部で確立しました。おそらくそこから波及して、イタリアのパスタも生まれています。アフリカの南部でもミレットを粉にして広義の煮て食べる方法が広がっています（図21）。

それぞれは、長い伝統をもった食です。地域の自然環境と文化伝統に育まれた穀物を、それぞれの地域の文化伝統で加工·調理することによって得られた文化ということもできるでしょう。食の文化というのは、それぞれの地域の人々にとってその生活のもっとも根本のところで作り上げられたものです。多様な無国籍な無秩序な食が溢れても、それぞれの食の文化は次の世代に伝えていく必要のあるものですし、また伝わるものだと思います。

2　各地の現状

稲は9000年ほど前に東アジアの長江の中流域で栽培されるようになり、次いで長江の下流域にまず広がりました。高温で多雨の気候下の湿地の植物です。その後、東アジア、東南アジアの高温で多雨の地域に水田稲作農耕として定着しました。ここでは広く主食として用いられてきました。コメはその栽培の当初から、さらにおそらく栽培化以前から、粒のまま煮て食べられていたと考えられます。そこで古くから煮て食べる道具として煮沸用の土器を種々の形で発達させています。また、拡散した地域でもさまざまな形の煮て食べるための道具が生み出されています。

どこでも、ごはんもしくはおかゆとして食べ続けられています。これは栽培と農耕の開始以来、変わることなく続けられている方法です。また、広い地域に拡散しているのですが、そのどこでもこの方法が保持され続けています。食の体系の根強さを示しているといえましょう。

ごはんもしくはおかゆは、魚と組み合うことが多いようです。中国ではブタとも組み合うところがあるようですが、これが本来的にこの食の体系に組み合っているものなのか、ごく初期の段階に他の体系から入ったものなのかは、今後究明すべき課題です。また、乳製品をほとんど使わないのも、この食の体系の特徴といえます。南アジア起源のコメを合わせると、世界の過半数の人たちがコメを主な食料にしています。他の利用法がないわけではありませんが、現在でも粒のまま煮て食べるのが主流です。この形の利用が圧倒的だと考えられます。

東アジアの長江の北では、粟と黍の農耕が8000年前か、より古いという早い段階で成立します。草原でのことかと考えられます。かなりの高温にはなるが、雨の少ない地域です。ここでは粟と黍は当初粉にして煮て食べていたものと考えられます。製粉の道具と粉を煮るためと考えられる土器があります。やがて7000年ほど前になると、製粉用の道具が中国の北部から姿を消します。替わって長江流域でコメを煮るために使われていた土器に類似した形の土器が現れます。粉食から粒食への転換と考えられます。

3000年ほど前に、この地域に小麦が大型の回転臼とともに現れます。西アジア起源の麦作農耕が大型の回転臼という製粉具とともに出現したものと考えられます。小麦を粉にする方法の拡散です。小麦を粉にすると、それを焼いてパンにするのが一般的ですが、ここでは穀物を煮るという伝統が強固であったものと考えられます。小麦は製粉具で粉にはしますが、それを煮て食べるようになります。麺もしくは饅頭として食べるようになるわけです。これは今日でも長江以北の食の伝統になっています。粟と黍の段階からブタが伴い、小麦を麺や饅頭とするようになっても、それが続き今日に至っています。

ここでは、主要な穀物が粟と黍から小麦に転換し、その加工法は粉食から粒食へ、そこからまた粉食に帰るという経過を辿り、今日に至っています。世界でもこれだけ主要穀物が転換し、穀物の加工法が変化したところはまれです。しかし、小麦を受け入れた以降は変わっていませんし、穀物を煮るという調理法にはまったく変化がありません。

一方、麦は西アジアで1万年ほど前に栽培がはじまり、その後、ヨーロッパ、北アフリカ、中央・南アジアの旧世界の西側に、ヤギ・ヒツジ、あるいはウシの牧畜を伴う形で定着しました。当初の組合わせである麦とヤギ・ヒツジは、いずれも草原を故郷にする動植物です。拡散した地域も、ヨーロッパを除くと草原が優先する環境で乾燥地です。これらの地域では、農耕と牧畜が自然環境の違いに応じて役割分担をしています。より湿潤な場所では麦の農耕を、より乾燥した地点ではヤギ・ヒツジの牧畜をしています。それぞれの村落が居住する地域に応じて農耕か牧畜を行う形で役割を分担するのです。両者の間で交易を行い、相互補完をしています。

これらの地域では、麦は製粉具で粉にして焼いてパンとして食べることがずっと行われてきています。若干の例外はありますが、麦はほとんどが粉にして焼いて食べられてきました。これに家畜の乳製品と肉製品を組み合わせて食が成り立っています。ヨーロッパの森林帯に拡散したときには、若干の変容がされています。種々の変容がありますが、もっとも大きなものは、森林地帯に適応するために家畜をヤギ･ヒツジからウシに転換したことです。そのほかにも解決しなければならなかった課題もありますが、それを克服し森林地帯にも適応しました。

旧世界の西側の広い地域で、麦を粉にして焼いたパンとヤギ･ヒツジ、もしくはウシの乳製品と肉製品を核にした食はずっと維持され続けています。唯一の例外はイタリアのパスタです。これについては後で触れますが、中国北部から500年ほど前に伝わったものと考えられます。食の国際化の先駆として注目すべきものです。

さらに、500年前以降にヨーロッパ人が植民したアメリカやオーストラリアの新大陸でも、西アジア起源の食は広く採用されました。その食の基本的な形は維持されています。麦は粉にして焼いてパンとして食べ、それに乳製品と肉製品を組み合わせるものです。麦の農耕は、面積からいえば、稲をはるかにしのぐ広い地域で農耕が行われ、重要な食料になっています。

稲と麦という世界でもっとも広く作られ、食べられている二つの栽培穀物についての現在の状況をみてきました。現在においても、農耕化の当初にはじまった加工方法と調理法が維持されて、それから派生したものを含めて広い地域の人々の食の基本になっていることが明らかです。

食の伝統の根強さを示しているものでしょう。

3　ごはんとその仲間

伝統的なコメを粒のまま煮るごはんとおかゆが基本的な食べ方ですが、コメを蒸す「おこわ」のような食べ方も広くみられます。さらに粽のような食べ方もあちらこちらでみられますし、蒸した上で杵と臼で搗く餅のような食べ方もされています。さらに、麦作農耕の地域にも稲が作られるようになり、そこではほとんどが粒のまま煮て食べられています。イタリアのリゾットやスペインのパエリアなどはその代表的なものです。細かなことをいえば、調理法はやや異なるかもしれませんが、粒のまま煮て食べることには変わりはありません。

ごはんやおかゆにしても何も入れない白いものが基本ですが、そこにいろいろなものを入れて炊き込んだり、煮込んだりするものもありますし、上や中に具材を載せたり、混ぜ込むものも多様にあります。丼や鮨の類です。こうしたものは各地で多様な派生型を生んでいます。また、新しいものが次々に作り出されています。

コメを粉にして用いる方法も種々の地域でさまざまなものが開発されています。粉を鉄板の上などで焼くもの、粉粥にするもの、麺類のような形にして茹でるもの、饅頭のように丸めて蒸すものなど多彩な食べ物が生み出されています。コメを粉にして焼いてパンにする方法も出てきています。麦を粉にしたものの調理法がコメを粉にしたものに応用されたということができましょう。

4　パ　ン

麦は栽培以前から粉にして焼いてパンとして食べられてきました。これは今日でも根強い伝統として受け継がれています。麦は圧倒的にこの方法で食べられています。各地で多彩なパンが作られています。パンの原料としては小麦の粉が基本ですが、各地で作られる麦類をはじめとするさまざまな穀物や豆類の粉などが、さらにはコメの粉までもが用いられるようになっています。

パンには、イースト菌などで醗酵をさせるものと醗酵させないものがあります。また形も千差万別ですが、大きく分ければ、平らなものと背の高い食パン型のものに分けることができましょう。その地域で得られる原料になる粉の種類、気候条件、醗酵の有無、パン焼窯の形と使用の有無、燃料の種類と獲得の難易度、主として食べるときの状況、その地の食の伝統など数々の条件により、パンの形状は決まってくるのだと思います。一つの地域でも多くの形状の、たくさんの種類のパンがみられます。人々はそれを状況に応じ、また好みに応じて選択しています。

中に何かを入れて焼き上げたものもありますし、間に何かを挟みこんで食べる方法もあります。上に載せて食べる食べ方、スープ状の液体に浸しながら食べるもの、その食べ方もさまざまです。食事のときだけでなく、食間につまむもの、食後にお菓子として食べるものなどさまざまなものが各地にあります。基本形から多彩な派生形が生まれています。

麦を粉にするのには効率のよい製粉具が不可欠です。まず、開口石臼が、次いで鞍形石臼が、さらに回転臼が生まれ、広い地域に拡散しています。鞍形石臼は、東は南アジアから西は大西洋まで、早い時期に麦作農耕が拡散した地域のほぼすべてにみられます。その後に、回転臼が業務用として作られ、都市部などで粉屋が成立するようになります。

効率のよい鞍形石臼でも、製粉は長時間の労働を必要とします。また、パン作りも長時間の作業が必要です。都市部では、粉屋やパン屋が早くから成立する条件の一つにもなることになります。現在では、ほとんどの地域でパンはでき上がったものを買うのが通常になっています。ごはんやおかゆが家庭で調理するのが当たり前でずっと来ているのに対し、パンはかなり古い時期から買うものになっているのは、きわめて対照的です。麦は粉にして焼き、パンにするのが基本的な食べ方であり、古くからの伝統です。

5　麺と饅頭

麦は粉にして焼いてパンとして食べるのが基本的な食べ方ですが、その例外が中国北部を中心にする地域でみられます。ここには、小麦の農耕が回転臼とともに3000年前ころに遅れて入ってくるのですが、ここには穀物を煮て食べる食の伝統がありました。小麦を粉にすることは受け入れたのですが、それを焼いて食べることはしないで、麺もしくは饅頭のように粉を煮るもしくは蒸す利用方法をとりました。伝統的なこの地域の食が強固であったことを示しています。

ここでは、麺にも饅頭にも多様な食べ方が生み出されています。麺は小麦の粉を何と合わせるか、どのような太さにするか、どのようにして麺にしていくか、地域によって多彩な麺が作られていますし、調理法にも種々の方法が開発されています。まさに千差万別です。麺は煮たり、茹でたり、炒めたり、揚げたりなど種々の方法で調理されます。麺の種類、麺の調理法の地域による違い、また同じ地域の中での使い分け、これは数え上げたらきりがありません。麺は種々のところに伝わり、そこでもさまざまな変種を生み出しています。日本にもいろいろなものがあります。麦ではない素材も使われています。さらに、麺の具材に何を用いるか、スープの素は何を使うか、味付けに何と何とを調味料として用いるのかなどということになれば、何十巻の本があっても足りないくらいでしょう。食の文化の奥深さを示す例になるかと思います。

饅頭では、何も入れないものが本来の形なのでしょうが、中に具材を包み込むさまざまなものが成立しています。基本的には蒸すのでしょうが、汁の中で煮るもの、油で焼くもの、揚げるものなど種々のものがあります。具材にも多彩なものが使われています。主菜になるものから、軽食の中心になるもの、食後に食べるものなど多くの種類のものが溢れています。こちらでも麦だけでなく、素材もいろいろと使われるようになっています。広い地域に拡散し、その地域のものと混ざり合って独自のものが生じています。

6　イタリアのパスタ

もう一つの例外がイタリアのパスタです。イタリアは南ヨーロッパに位置していて、麦は粉にして焼いてパンとして食べる、いわばパンの本場です。その伝統は古く遡りますし、ここに麦を粉にして茹でて食べる伝統があるのは、むしろたいへんに不思議なものです。本来の伝統の中からは出てこない食べ方と思われます。石毛直道氏によれば、これは中国北部からの移入と考えるのがよいとされています。もっともな仮説と思います（図22）。

麦を粉にして棒状もしくは小さな種々の形にして茹でて食べるという

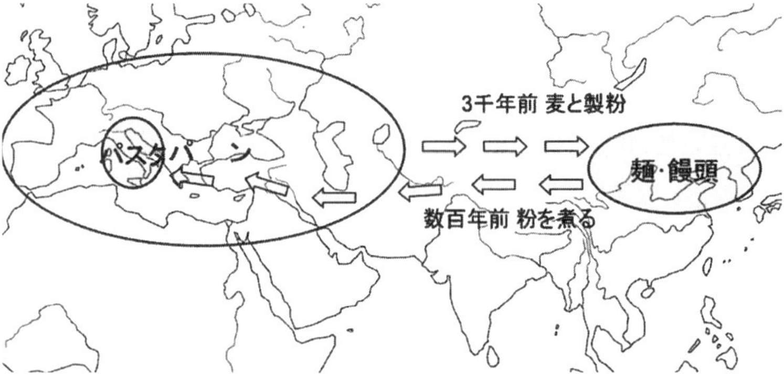

図22　麺・饅頭の成立とパスタの出現

写真14　各種のパスタが並ぶイタリアのスーパー

方法は、基本的には麺と同じ食べ方といってもよい方法です。麺と同様に生のパスタと乾したパスタがあります。長さが30㎝前後で太さが1.5㎜前後の棒状のものと、大きさが数センチから数ミリの小型のものまで実にさまざまな種類ができています。棒状のものには丸いもの、平たいもの、断面が四角形のもの、螺旋状になっているもの、中空のものなど多種多様なものがあり、ソースの種類や具材などによっていろいろと使い分けられたりもしています。小型のものには米粒形のもの、花を模したもの、蝶々を模したもの、葉形のもの、ペン先形、カタツムリ形など、こちらも多様なものがあります。色も種々あります。パスタの中に野菜などを粉にして混ぜ込んでいるものもあります。その多彩さは長い伝統を思わせます。イタリアのスーパーでは何十メートルもの通路の両側にパスタがずらりと並んでいます（写真14）。長い食の伝統が維持されていることを示す光景です。

具材には、魚介類、肉類、乳製品、野菜、きのこなど多種類のものが単独であるいは組み合わされて使われます。ソース類も多様です。こちらも気の遠くなるほどさまざまなものが使われています。トマトを素にしたもの、卵を含むもの、こくのあるもの、あっさりしたものなどこちらも多種多様です。このパスタの原型は中国の麺と思われます。おそらく数百年前に中国から入ってきたものでしょう。

7　世界の食の体系

これまでにみてきたように、世界の食文化は稲と麦を機軸に展開してきましたし、これからもそれが続いていくでしょう。稲はコメとして粒のまま煮て、ごはんとして食べられてきました。麦は粉にして、焼いてパンとして食べられてきました。ここには両者の農耕が開始されて以来の1万年近い伝統があります。栽培以前を考えればさらに長い伝統です。伝統があるということは、それがもっともふさわしい方法として世代から世代へ受け継がれ、さらに拡散した地域でも多くの人々に受け入れられてきたことを意味しています。人々に受け入れられなければ、次の世代に受け継がれることなく消えていったはずです。1万年以上も前から受け継がれてきた方法は、それなりに大きな意味をもっていると考えることができるでしょう。

この伝統を基礎にして、さまざまな調理法が開発され、それぞれの地域独自の食文化が形作られたのです。それは多彩な展開をしていますし、その背後には、現在にまで伝わることなく消えていった多くの調理法があったものと考えられます。それぞれの時に、人々に受け入れられずに淘汰されていった多くの食材と加工法･調理法があったものと推測できます。文字史料にも考古資料にも民俗資料にも、その痕跡を留めていないさまざまなモノとコトがあったものと考えられます。

さらに、新大陸起源のものを含む他の地域に根のある食材を使って新しい料理が地域の伝統に加わります。コメを使うイタリアのリゾット、スペインのパエリアなどがその例です。あるいは麦を粉にして利用する日本の麺料理、イタリアのパスタなどもその例になるのかもしれません。さらには、現在世界中でみられるようになっている無国籍と称される料理などは、その典型かもしれません。それぞれの地域の個性ある伝統を大切に次の世代に伝えたいものです。

食文化として、それぞれの地域の伝統のある食を次の世代に伝えていくことは、私たちの世代の重要な責務と考えます。「おふくろの味」「ふるさとの味」を大事にしたいものです。

主な参考文献

飯島武次　2003　『中国考古学概論』同成社

石毛直道　1991　『文化麺類学ことはじめ』フーディアム·コミュニケーション

石毛直道　2006　『麺の文化史』講談社学術文庫

石毛直道編　1973　『世界の食事文化』ドメス出版

石毛直道監修、吉田集而責任編集　1998　『講座食の文化 第 1 巻 人類の食文化』味の素食の文化センター

大津忠彦、常木晃、西秋良宏　1997　『西アジアの考古学』同成社

大貫静夫　1998　『東北アジアの考古学』同成社

小澤正人、谷豊信、西江清高　1999　『中国の考古学』同成社

吉良竜夫　1971　『生態学からみた自然』河出書房新社

甲元眞之　2001　『中国新石器時代の生業と文化』中国書店

後藤　直　2006　『朝鮮半島初期農耕社会の研究』同成社

早乙女雅博　2000　『朝鮮半島の考古学』同成社

佐原眞、ウェルナー·シュタインハウス監修、奈良文化財研究所編　2005　『日本の考古学 上·下巻』学生社

佐藤洋一郎　1997　『DNAが語る稲作文明』NHKブックス

陳文華、渡部武編　1989　『中国の稲作起源』六興出版

中村慎一　2002　『稲の考古学』同成社

藤井純夫　2001　『ムギとヒツジの考古学』同成社

藤本　強　1994a『東は東、西は西』平凡社

藤本　強　1994b『モノが語る日本列島史』同成社

舟田詠子　1998　『パンの文化史』朝日選書

三輪茂雄　1987　『粉の文化史』新潮選書

渡部忠世編　1987　『稲のアジア史 1 ～ 3 巻』小学館

関連年表

年　前	コ　　メ
15000	
	野生コメ利用　粗雑な土器　コメを煮ていたか
10000	
	中国長江中流域でコメ農耕　彭頭山文化　穀物を煮る土器
	中国北部　アワとキビの農耕
	コメ作り安定　粒のまま煮る　ごはん
	第一次の拡散　長江下流域に河姆渡文化　釜形土器
	コメ作り山東半島付近に拡大　余波が日本列島にも
5000	コメ作り良渚文化の要素とともに広州・香港などの南に
4000	
	遅くともこの頃までにコメ作り朝鮮半島南部に
3000	ヴェトナムなど東南アジア大陸部でコメ作り
	北九州に弥生早期文化?
	弥生文化列島西部に定着　以後，コメを粒で煮る　ごはん
2000	
	日本列島　古墳文化
	日本列島　古代の文化
1000	
	日本列島　中世の文化
500	
	日本列島　近世の文化

年前	ムギ
	野生ムギ利用　上下運動の製粉具出現　最初期のパン?
15000	
	ムギの利用下火に
	地中海東岸でムギの利用盛んに　前後運動の製粉具
10000	ユーフラテス川中流域でムギ農耕　ザグロス山麓でも？ やや効率のよい製粉具(open quern)　粉にして焼く　パン
	効率的製粉具(saddle quern)　ムギ農耕西アジア各地に ムギ農耕安定　ヤギ・ヒツジ牧畜　土器出現 ムギ農耕 バルカン半島，ナイル川流域，イラン高原へ ムギ農耕 西ヨーロッパ，中央・南アジアへ ヤギ・ヒツジの遊牧による飼育　乾燥地で牧畜
5000	ヨーロッパ，北アフリカ，中央・南アジアにムギ作定着
4000	
	北・中央・東ヨーロッパ　裸ムギ・オオムギなどに転換
3000	トルコかギリシアで回転式の臼(大型・畜力利用) 中国北部に西からムギ農耕波及　粉にして煮る(麺・饅頭) 以後，中国北部と周辺地域はムギを粉にして煮る
	ヨーロッパ，西アジア　粉屋とパン屋の普及
2000	
	日本列島にもムギを粉にして煮る食出現
1000	
	麦を粉にして煮る文化西へ　イタリアのパスタの成立
500	

執筆者紹介

藤本　強（ふじもと　つよし）

1936年　東京都生まれ。

1959年　東京大学文学部考古学科卒業。同大学院（博士課程満期退学）、助手、助教授（北海文化研究常呂実習施設勤務）を経、1985年～1997年　東京大学教授。1997年～2002年　新潟大学教授。2002～　國學院大學教授。東京大学名誉教授。

主な著書

『石器時代の世界』（教育社）、『考古学を考える』（雄山閣）、『もう二つの日本文化』（東京大学出版会）、『埋もれた江戸』（平凡社）、『東は東、西は西―文化の考古学』（平凡社）、『モノが語る日本列島史』（同成社）、『考古学の方法』（東京大学出版会）など。

市民の考古学①

ごはんとパンの考古学《こうこがく》

2007年２月10日発行

著　者　藤《ふじ》　本《もと》　　強《つよし》

発行者　山　脇　洋　亮

印　刷　㈱　深　高　社

モリモト印刷㈱

発行所　東京都千代田区飯田橋 4-4-8 東京中央ビル内　㈱同　成　社

TEL 03-3239-1467　振替 00140-0-20618

ISBN978-4-88621-383-9 C1320